Kurt Tepperwein

Entdecke dich neu und werde glücklich

Kurt Tepperwein

ENTDECKE DICH NEU und werde GLÜCKLICH

SILBERSCHNUR VERLAG

MIX
Papier aus verantwortungsvollen Quellen
FSC www.fsc.org FSC® C014138

ISBN: 978-3-89845-628-9

1. Auflage 2019

Gestaltung & Satz: XPresentation, Güllesheim
Umschlaggestaltung: XPresentation, Güllesheim
Druck: Finidr, s.r.o. Cesky Tesin

Verlag »Die Silberschnur« GmbH · Steinstr. 1 · 56593 Güllesheim
www.silberschnur.de · E-Mail: info@silberschnur.de

Halte deine Hände in die Höhe und sage:
»Dies sind die Hände Gottes.«
Was fängt Gott denn mit diesen Händen an?
Gott gibt!
Das ist das, was Gott tut.

Wayne W. Dyer

Inhalt

Zur Einstimmung

*Freuen kann man sich immer –
wenn man sich dafür entscheidet.*

In diesem Buch gehen wir auf die Suche nach dem Glück. Was ist Glück? Wie können wir es finden? Wie halten? Was hindert uns daran, glücklich zu sein? Auf diese Fragen und viele mehr werden wir eingehen.

Doch zur Einstimmung möchte ich Ihnen nur einen einzigen Satz mit auf den Weg geben, der Sie durch das Buch begleiten soll:

Glück ist eine Einstellung. Eine besondere Art zu leben.

Kann es tatsächlich so einfach sein, glücklich zu sein? Finden wir es heraus!

Was ist das eigentlich … Glück?

Was glücklich macht

*Glück ist keine Errungenschaft,
sondern eine innere Haltung.*

Was ist Glück? Was macht Sie glücklich? Ein schöner Urlaub, eine Gehaltsaufbesserung, ein neuer Lebenspartner, gutes Essen, ein Spaziergang im Wald oder ein Tag im Bett? Eigentlich gibt es nichts, was Glück verströmt. Glücklichsein ist ein Bewusstseinszustand, es ist unsere eigentliche Identität, die wir aus den Augen verloren haben. Es gibt Glücksgefühle, was aber nicht mit Glück gleichzusetzen ist. Wahres Glück basiert nicht auf Emotionen, es ist ein »Zustand«, der von innen herrührt. Es ist ein Offensein für das Wesentliche und Ursprüngliche in uns. Was auch immer uns Glück beschert, die Sache selbst hat mit Glück nichts zu tun. Vielleicht stimmt uns der Anblick eines Sonnenuntergangs glücklich, wobei ihn ein anderer gar nicht bemerkt. Etwas löst in uns ein Gefühl aus, weil wir mit dieser Sache etwas verbinden bzw. verknüpfen.

Oft wissen wir gar nicht, warum wir plötzlich so glückselig sind. Wir fühlen uns wohl, könnten Bäume ausreißen und die ganze Welt umarmen. Das geschieht aber nicht einfach so. Es passiert, weil wir zu etwas Bezug genommen haben. Der Mensch braucht immer Bezugspunkte, um das, was er als Glücklichsein erfährt, erleben zu können. Selten treffen wir auf Menschen, die »einfach so« glücklich sind. Wenn wir jemanden auf seine Fröhlichkeit ansprechen, sagt er meistens immer sofort, was ihm widerfahren ist. Warum braucht es immer einen Grund, um sich wohlzufühlen? Wohlgefühl zu empfinden, ganz ohne Anlass, scheint ungewöhnlich zu sein. Begeisterung und Lebensfreude liegen aber nicht an der Situation oder an der Begebenheit, sonst müsste jeder dasselbe empfinden. Es liegt immer nur an uns selbst, wenn wir heiter sind, ganz gleich, wodurch die Heiterkeit ausgelöst wurde. Warum ist das so? Weil das Glück **in uns** ist. Etwas hat es wachgerüttelt. Etwas hat es entflammt. Etwas hat es aus seinem Tiefschlaf geholt.

Der Mensch fühlt sich glücklich, wenn er gesund ist, Erfolg hat oder Wohlstand erfährt. Es mag sein, dass uns dies kurzfristig ein besseres Gefühl beschert, aber Glücksgefühle sind eben nicht Glück. Glück ist, wenn man den Augenblick genießen und sich daran erfreuen kann, ohne zu wissen, warum. Wenn sich ein Hochgefühl durch nichts beeindrucken und ablenken lässt, kann man von Glückseligkeit sprechen. Ein schlechter Tag, eine Hiobsbotschaft, die einen ereilt, oder einfach eine Pechsträhne – wieso kann ich nicht trotzdem glücklich sein? Es ist unser Geburtsrecht, glücklich zu sein, und von dem sollten wir umgehend Gebrauch machen. Glück kann man bestimmt nicht *haben*, aber man kann glücklich *sein*.

Nun wünschen sich viele Menschen, ihr Glück in der Liebe zu finden. Doch: Kein Partner kann Ihnen das geben, was Sie selbst nicht haben. Erst wenn Sie fähig sind zu lieben, werden Sie wahre Liebe erfahren. Und für eine glückliche Beziehung braucht es bekanntlich zwei Menschen, die – und jetzt kommt der Schlüssel zum Glück – auch alleine glücklich sein können. Wirklich glücklich sind Sie, wenn Sie eines Tages sagen können: »Ich bin glücklich, wenn ich dich sehe. Ich bin aber auch glücklich, wenn du nicht hier bist. Es macht keinen Unterschied und es wirkt sich nicht auf meinen Zustand aus. Was ich tue, was ich habe, was mich umgibt – das beeinflusst nicht, wie ich mich fühle.« Das könnte der andere vielleicht in den falschen Hals bekommen. Er könnte meinen, dass er zu wenig geliebt wird. Doch das Gegenteil ist der Fall. Wenn Sie einen Menschen wirklich lieben, ist er frei. Das ist er aber nur, weil Sie frei sind. Freiheit bedeutet, glücklich zu sein – und das in jedem Moment.

Vorübergehende Stürme können nicht abgewehrt werden. Sie kommen und gehen wie Ebbe und Flut, und es gibt keinen Menschen, der davon ausgenommen ist. Aber ich kann sie beobachten und vorbeiziehen lassen, anstatt mich auf sie zu beziehen, damit sie mich dann runterziehen. Ändern kann ich an der Situation ohnehin nichts. Warum sollte ich also nicht im Gleichklang bleiben? – Das ist leichter gesagt als getan, da dies eine Lebenseinstellung ist, die angewendet werden muss. Erst durch regelmäßiges Anwenden wird sich Erfolg einstellen. Wie heißt es so schön: Übung macht den Meister. Leben bedeutet praktizieren. Leben bedeutet nicht wissen, zuhören und nichts tun. Sich den Lebensaufgaben zu stellen, bedeutet, stehenzubleiben, genau hinzusehen und die Stürme erhobenen Hauptes zu durchwandern.

Glück ist, nicht nach Glück zu trachten.

Was verstehen Sie unter Glück?

Gefühl von alles ist gut wie es ist, bei sich sein, mit allem im Einklangsein u. in Freude

Welcher Lebensumstand macht Sie glücklich?

Das Spüren von Lebens-freude, ~~Gefühl~~ alles Fülle strahlende ich sein im Gefühl alles ist gut wie es ist

Welche Lebensumstände machen Sie Ihrer Meinung nach unglücklich?

Mangelgefühle, Verbote, Druck, entgegen dem sein zu müssen was mir entspricht

Was emotional glücklich macht:

- Keinen Gedanken zu hegen, wenn man aufwacht.
- Keinen Druck zu verspüren, wenn man das Bett verlässt.
- Tiefe Dankbarkeit zu empfinden, noch bevor es Mittag ist – und das ohne Grund.
- Sich auf die Arbeit zu freuen.
- Sich tagsüber Ruhepausen zu gönnen, indem man frei von Gedanken einfach nur abschalten kann.
- In jedem Augenblick achtsam zu sein.
- Jemanden ein nettes Wort zu sagen – und das absichtslos.
- Anderen etwas Gutes zu tun, sie zu unterstützen und für sie da zu sein. Einfach so.

- Jeden Moment bewusst zu erleben.
- Getränke und Speisen zu segnen oder ein Gebet zu sprechen, bevor man diese zu sich nimmt.
- Stets zu lächeln, ungezwungen und natürlich.
- Aufmerksam zu betrachten, was um einen herum geschieht.
- Anderen den Vortritt zu lassen.
- Die Natur wahrzunehmen und zu schätzen wissen.
- Das Auto stehen zu lassen und zu Fuß zu gehen.
- Jeden Tag in die Natur zu gehen – und wenn es nur 15 Minuten sind.
- Sich hinzusetzen und den Vögeln zu lauschen.
- Andere Menschen zu beobachten und sich daran zu erfreuen, wie einzigartig sie sind.
- Jeden Menschen so zu nehmen, wie er ist – und zwar bedingungslos.
- Sich selbst in allen seinen Belangen zu lieben, sich keinen Druck zu machen, sich keine Vorwürfe zu machen und sich bewusst zu sein, dass man nichts richtig und nichts falsch machen kann.

- Dem Leben seinen Lauf zu lassen.
- Gesunde Nahrung zu sich zu nehmen und viel frisches Wasser zu trinken.
- Freude zu haben an der Bewegung und den Körper nicht zu lange sitzen zu lassen.
- Das auszusprechen, was man fühlt und denkt; Menschen Komplimente zu machen.
- Sich nicht beeinflussen und herumkommandieren zu lassen.
- Sich nicht einschüchtern zu lassen und sich nicht umentscheiden, wenn andere meine Handlungen als falsch erachten.
- Sich nicht benutzen zu lassen.
- Sich nicht davor zu scheuen, Nein zu sagen.
- Seinen eigenen Weg zu gehen, seine Ideen zu leben und umzusetzen.
- Alles, was nicht funktioniert, als Chance zu verstehen.
- Bei Auseinandersetzungen bei sich zu bleiben und nichts in den anderen hineinzuprojizieren.
- Keine Wünsche zu haben.

- Vorstellungen loszulassen.
- Vieles dem Leben zu überlassen.
- Pläne zu schmieden, aber nicht daran festzuhalten.
- Dem Leben seine eigene Dynamik zu gestatten.
- Zwischendurch einen lauten Jubelschrei loszulassen und Menschen an der Freude teilhaben zu lassen.
- Fehler nicht zu wiederholen.
- Aufrichtig und ehrlich zu sein.
- Sich selbst nicht zu belügen.
- Sich Respekt vor allem Leben zu bewahren.
- Geduldig mit sich selbst und den Mitmenschen zu sein.
- In jeder Begegnung ein Geschenk zu sehen.
- Jede Situation als wertvoll zu erachten.
- Gedanken zu mäßigen.
- Nur dann zu sprechen, wenn es notwendig ist. Überflüssige Worte müssen nicht ausgesprochen werden.
- Ein gesundes Körperbewusstsein zu entwickeln und auf seine Gesundheit zu achten.
- Nichts als selbstverständlich anzusehen.

- Zu wissen, dass jeder Tag neu ist und man immer von vorne beginnen kann.
- Zu wissen, dass nichts, was geschieht, umsonst ist.
- Stets daran zu denken, dass alle Menschen im selben Boot sitzen und zu jeder Zeit alle Mittel zur Verfügung haben, um sich einer Veränderung zu öffnen. Kein Mensch ist weniger weit oder weiter, wir stehen jeden Tag am Anfang.
- Es gibt keinen Grund, hochmütig zu sein. Der Stolz verschwindet, wenn man weiß, dass die Dinge nicht von uns ausgehen, sondern durch uns geschehen. Was auch immer wir schaffen, schaffen wir durch Gottes Kraft. Er wirkt durch unsere Hände. Der Mensch denkt, Gott lenkt!
- Die volle Verantwortung für das Leben zu übernehmen.
- Uns immer wieder an unsere Abstammung zu erinnern.
- Uns nicht im inflationären Rausch von Süchten, Verlangen und Bedürfnissen zu verlieren.
- Sich mindestens einmal am Tag nach innen zu kehren.
- Geschehnisse im Außen nicht überzubewerten.
- Volles Vertrauen ins Leben zu haben.

- Dieses Buch nicht nur zu lesen, sondern es innerlich aufzunehmen und umzusetzen.
- ______________________________
- ______________________________
- ______________________________
- ______________________________
- ______________________________
- ______________________________

Glück ist ...?

Was würde Glück kosten, wenn man es kaufen könnte? Und wer weiß wirklich, wie man es erlangen kann? Nun, Glück ist eigentlich nichts Spektakuläres. Es ist nichts weiter, als eine bestimmte Art zu leben. Es hat mit der Einstellung zu tun und nicht mit den Umständen. Das, was wir unter Glück verstehen, scheint so flüchtig zu sein wie eine Seifenblase. Kaum können wir sie sehen, zerplatzt sie auch schon wieder und wir stehen mit leeren Händen da. Nun können wir nach einer neuen Blase Ausschau halten – oder aber etwas genauer hinsehen und erkunden, was Glück wirklich ist.

Die Jagd danach bringt uns sicher nicht weiter. Materieller Wohlstand, Macht und Ansehen und erotische Abenteuer sind flüchtige Erfahrungen, die genauso vergänglich sind wie diese Blase. Wollen Sie weiterhin im Blasendasein leben oder aus diesem emporsteigen und das Glücksgefühl etwas tiefer ergründen?

Viele Menschen können das Wort Glück schon nicht mehr hören. Glück im Spiel, Glück in der Liebe oder ein glückliches Händchen wünschen wir uns alle. Dass wir darin aber keine

Erfüllung finden, versteht sich von selbst. Trotzdem streben wir danach. Ist das nicht eigenartig? Wenn wir doch schon vorher wissen, dass diese kurzweiligen Glückszustände nicht das sind, was uns wirklich befriedigt, warum suchen wir dann danach?

Etwas, was dem Glück garantiert im Weg steht, ist das Wünschen und das Wollen. Diese zwei Eigenschaften besitzen eine besondere Fähigkeit: nämlich die, das Glück zielstrebig zu vertreiben. Warum wollen wir ständig etwas? Das Wollen bedeutet ja auch gleichzeitig, dass wir mit der gegenwärtigen Situation nicht einverstanden sind. Wären wir das, dann würden wir nichts wollen.

Je mehr wir uns Glücklichsein und Zufriedenheit zum Ziel machen, umso weniger fähig werden wir, unser Ziel zu erreichen. Wir sollten uns nicht um unser Glück kümmern, aber auch nicht zu viel um unser Unglück. Kümmern kommt von Kummer. Wussten Sie das? Wir kümmern uns ständig um etwas. Das bedeutet, dass uns etwas belastet. Dieses Kümmern ist mehr, als für etwas Sorge zu tragen, es ist vergeudete Energie. Diese könnten wir viel besser einsetzen, doch lieber verschleudern wir sie. Wären wir uns dessen bewusst, würden wir natürlich anders handeln.

Haben Sie sich auch schon einmal Gedanken darüber gemacht, was Sie tun könnten, damit es Ihnen besser geht? Damit Sie zufriedener, ausgeglichener und fröhlicher sind? Ein neuer Partner, mehr Geld, eine neue Wohnung, Gesundheit?

Immer laufen wir diesen Dingen hinterher, obwohl wir wissen, dass Zufriedenheit in etwas ganz anderem begründet ist. Und was wäre das? Wenn wir in einer Sache aufgehen, jemandem einen Dienst erweisen oder etwas aus Liebe tun. Wer alles, ganz gleich, was es ist, aus ganzem Herzen tut, braucht nicht mehr über Selbstverwirklichung und ein besseres Leben nachzudenken. Selbstvergessenheit ist der beste Weg zur Erfüllung. Selbstvergessenheit bedeutet im Übrigen auch, seine Bedürfnisse hintanzustellen, sich selbst nicht so wichtig zu nehmen und ins »Wir-Denken« einzutauchen. Wer alles, was ihn umgibt, als Gesamtheit erfassen kann, wird nie schlecht über irgendjemanden denken, geschweige denn jemandem Schmerz zufügen. Den Schmerz, den wir anderen zufügen, den fügen wir uns selbst zu. Was auch immer wir aussenden, das kommt zu uns zurück. Auch das wissen wir.

Wir wissen sehr viel, aber wir setzen nicht viel davon um. Warum ist das so? Natürlich steht uns hier das Ich im Weg. Das Ego ist nicht zu unterschätzen. Es ist eine gewaltige Kraft, die uns in Schach hält und uns ständig dazu auffordert, etwas zu tun, mit dem wir uns selbst schaden. Kein Mensch ist aus sich heraus verletzend oder schlecht. Man kann über einen Menschen schlecht sprechen, doch das sagt nur etwas über uns selbst aus. So wie ich den anderen sehe, erlebe ich mich selbst. Das Ziel ist es, sich über das Ego zu stellen und es zu transzendieren. Doch bedenken Sie: Das Ego ist nicht schlecht, es ist unser Freund. Ohne Ego könnten wir nicht existieren.

Das Problem liegt darin, dass es unser Leben lenkt und dass wir nicht merken, dass wir mit seinen Lieblosigkeiten eigentlich gar nichts zu tun haben. Es ist die Lieblosigkeit des Egos und nicht die unsere.

Für das Ego gibt es immer etwas anzustreben und zu meckern. Es findet immer ein Haar in der Suppe und nichts ist ihm gut genug. Wenn das neue Auto in der Garage steht, denkt man bereits an den nächsten Urlaub. Mit dieser Art des Denkens versäumen wir jedoch den Augenblick – und eigentlich geht es nur darum, diesen zu entdecken und auszukosten. Alles leichter gesagt als getan, aber können wir diesem Hamsterrad entkommen? Dem ständigen Produzieren und Konsumieren? Wir sind mittendrin in der Gesellschaft und Teil dieses kollektiven Feldes. Ob wir wollen oder nicht, wir sind Teil des Ganzen. Und wenn es um den Profit und um den Gewinn geht, sind wir immer sofort Feuer und Flamme. Doch der Nutzen bezieht sich nur auf den irdischen Aspekt des Menschseins. Wann beginnen wir damit, uns unserem Seelenleben zuzuwenden? Das Irdische ist nur der Mantel unseres eigentlichen Seins.

Denken Sie einmal über all diese Fragen nach. Es schadet gar nichts, mit dem Verstand etwas in die Tiefe zu gehen. Er wird schon nicht ertrinken. Den Kopf mit tiefgründigen Fragen zu beschäftigen, ist eine wunderbare Art und Weise ihn zu besänftigen. Wenn wir ihn nämlich mit solchen Fragen beschäftigen, wird er an anderen Fragen gar keine Freude mehr haben.

Ode an die Lebensfreude

Freude schöner Götterfunken ...
Freude trinken alle Wesen ...

Was für ein kraftvolles und energiegeladenes Werk! »Alle Menschen werden Brüder ...« Schöne Worte. Die Realität sieht leider anders aus. Wie sollen wir mit Menschen im Einklang sein, wenn wir es nicht einmal mit uns selbst sind? Dabei hätten wir jeden Tag einen guten Grund dazu, uns über das Leben und vor allem über uns selbst zu freuen. Tun wir das? Tun Sie das? Kein Tag sollte vergehen, an dem Sie sich nicht über sich selbst gefreut haben. Denken Sie stets dran, denn Heiterkeit ist ein Lebensgefühl, das sich auf Ihre Lebensumstände auswirken wird.

Frohsinn ist aber nicht gleich Frohsinn. Es gibt einen Frohsinn, der durch äußere Umstände ausgelöst wird, er basiert auf Vorlieben und Ablehnungen. Dieser Frohsinn ist von Ereignissen abhängig. Ereignisse lösen Emotionen aus, und je nachdem, wie wir diese empfinden, wird sich Frohsinn, Gleichgültigkeit oder Unmut einstellen. Dieses

Wohlbehagen hat mit dem echten, inneren Frohsinn jedoch nichts zu tun.

Inneres Wohlbehagen ist kein Zustand und kein Umstand, sondern eine natürliche Gegebenheit.

Als Babys sprühen wir vor Lebensfreude und Unbeschwertheit. Wir begegnen allem offen und mit guter Gesinnung. Unser Gegenüber kann pleite sein, grüne Haare haben oder schlechte Manieren pflegen, was uns überhaupt nicht stört. Wir lachen jeden an und hegen keinerlei Ablehnung oder Sympathie, Hauptsache unser Gegenüber bewegt sich und meint es gut mit uns. Babys kann man sozusagen nicht aus der Fassung bringen. Mit den Jahren verfliegt jedoch dieser ursprüngliche Wesenszug von Offenheit, gesunder Neugier und Unvoreingenommenheit. Unsere Neutralität geht sozusagen den Bach runter. Durch Erziehung werden wir geformt und geprägt, das große Vergessen nimmt seinen Lauf, und dieses Vergessen bedeutet, dass wir unseren göttlichen Ursprung aus den Augen verlieren. Da die Augen zusehends auf Objekte und Vorgänge gerichtet sind und der Blick sich nicht mehr nach innen richtet, versteht es sich von selbst, dass sich all diese Eindrücke und Interpretationen wie ein schwerer Mantel um uns legen. Mit diesem Mantel laufen wir umher und beschweren uns darüber, dass das Leben schwer ist. Warum sagt uns niemand, dass wir diesen Mantel tragen? Warum wissen wir es nicht? Und wenn wir es wissen, warum ziehen wir keine Schlüsse daraus, die unser Leben bereichern könnten? Doch selbst wenn wir uns des Mantels bewusst werden, können wir ihn nicht einfach so ausziehen. Es ist ein langer Prozess, der Ihnen viel Geduld abverlangen wird, um die Schwere abzulegen und die Leichtigkeit wiederzuentdecken. Um Ihnen ein Bild zu geben: Wenn Sie sich ins Gras setzen, wird es Abdrücke geben, man sieht genau die Stelle, an der Sie gesessen haben. Es dauert eine Zeit – und das Gas stellt sich wieder auf. Im Leben verhält es sich nicht anders.

Die Dinge verändern sich nicht innerhalb eines Augenaufschlags, alles braucht seine Zeit, damit es sich entfalten kann.

Denken Sie nur an den Schmetterling, der ein Raupendasein und eine Entpuppung durchläuft, bevor er fliegen kann. Der Schmetterling sagt nicht: »Gott sei Dank sind diese Begrenzung und diese Enge vorbei, endlich kann ich fliegen!« Er durchläuft einen natürlichen Prozess und gibt sich ihm vollends hin. Seien wir also geduldig mit uns. Rom ist auch nicht an einem Tag erbaut worden.

Versuchen wir, jeden Tag ein klein wenig achtsamer zu sein und das Leben mit dem Herzen zu betrachten. Wir tragen so viele Dinge in unserem Kopf spazieren, und er ist wirklich schwer. Tonnenweise Gedankengut könnten wir ablegen und auf so vieles verzichten, doch die endlosen Gedankengänge nehmen wir teilweise gar nicht bewusst war, geschweige denn als belastend. Doch belastend sind sie allemal, da Gedanken auch – oft dicke, schwere – Hüllen sind, die man sich gar nicht überzuziehen braucht. Wir stülpen uns trotzdem eine nach der anderen über und wundern uns, wenn wir unbeweglich geworden sind oder sich in unserem Leben nichts mehr bewegt.

Wir wissen so viel, aber das, was wirklich wichtig ist und sich nicht wissen lässt, vor dem verschließen wir unsere Augen. Macht das Sinn? Schauen Sie nicht in die Welt hinaus, sondern in sich hinein. Unsere Motivation, um nach innen zu gehen, scheint zwar eingeschlafen zu sein, doch was schläft, kann man wecken.

Menschen freuen sich über materielle Güter, Liebesbeziehungen, Vergnügungen, Urlaub und vieles mehr. Aber: Wenn materielle Güter, der Partner, die Unternehmungen und Freizeit plötzlich nicht mehr vorhanden sind, ist auch die Freude verschwunden. Das, was wir unter Lebensfreude verstehen, kann deshalb nicht die Lebensfreude sein, die erstrebenswert ist. Warum? Alles, was erreicht und besessen werden kann, wird uns eines Tages wieder verlassen. Auch den Körper werden wir eines Tages zurückgeben – wie alles, was wir hier auf Erden nutzen. Wir besitzen nichts, auch wenn wir in diesem Irrglauben gefangen sind und uns jede Menge darauf einbilden, Dinge anzuhäufen und uns Wissen anzueignen. (Gegen Wissen und Besitz gibt es nichts zu sagen, wenn man keine Bindungen entwickelt – dann ist man frei.) Zusammengefasst kann man sagen: Ob er nun etwas besitzt oder nichts hat, die Lebensfreude verlässt nur den, der im Herzen arm ist – ganz gleich, worüber er verfügt oder nicht verfügt.

Ein Gedankenexperiment

Jeder von uns hatte schon einmal das Gefühl, dass irgendetwas schiefläuft. Bei manchen Menschen ist es ein Ereignis, und einige hegen diesen Gedanken sogar über ihr gesamtes Leben. Es läuft einfach nicht so, wie man möchte, kurzum: Etwas ist verkehrt. Nehmen wir das Stichwort verkehrt aber doch einmal wörtlich ... Stellen Sie sich vor, Sie würden Ihr Leben noch einmal neu beginnen – aber dieses Mal von hinten! Sie steigen aus der Grube und spazieren ins Altersheim. Dort werden sie gepflegt, umsorgt, haben nichts zu tun und zahlen keine Steuern. Sie fühlen sich nicht wirklich gut, aber es geht Ihnen mit jedem Tag besser. Nach und nach werden Sie immer jünger und gesünder. Sie fühlen sich von Tag zu Tag wohler und fangen irgendwann damit an, einer Arbeit nachzugehen. Und weil es Ihnen so viel Freude bereitet, ergreifen Sie einen Beruf und werden immer aktiver. Ihr Partner wird auch immer jünger und schöner. Die alten Kinder, die plötzlich in Ihrem Leben sind, werden ebenfalls immer jünger, bis sie irgendwann verschwinden. Sie machen eine Lehre und lernen das, was Sie die ganze Zeit schon tun. Es ist also gar kein Problem, die Prüfungen mit Bravour zu bestehen. Eines Tages gehen Sie zur Schule und verlassen diese als Analphabet. Sie kommen in den Kindergarten und erfahren das Leben als Spiel. Wieder brauchen Sie sich um nichts zu kümmern. Nach einer Weile finden Sie sich in Pampers wieder und müssen nicht einmal mehr auf die Toilette gehen. Und wenn die Zeit gekommen ist, schlüpfen Sie in den Mutterleib und beenden Ihr Leben als Orgasmus. Halleluja!

Vielleicht finden Männer diese kleine Episode lustiger als Frauen, aber Witze gehören für mich einfach zum Leben. Mit Humor kann das Leben viel leichter sein – und Leichtigkeit zieht bekanntlich Lebensfreude an!

Welchen Stellenwert hat der Humor in meinem Leben?

Wo habe ich nichts zu lachen?

In welchen prägenden Situationen ist mir das Lachen vergangen?

Haben diese Situationen mein Leben nachhaltig verändert? Wenn ja, wie?

Bin ich bereit, diese Erinnerung endgültig loszulassen?

JA ☐ NEIN ☐

Die Lebensstufen zum Glück

Für viele Menschen ist es ein großes Glück, dass sie nicht das finden, was sie suchen.

Mit einem Monat ist noch alles in Ordnung. Das kleine Menschlein scheint glücklich und fröhlich zu sein, ohne das Leben bewusst zu erleben. Glück richtet sich noch nicht nach dem Erlebten, sondern nach der Befriedigung von Grundbedürfnissen wie Essen, Trinken und Schlafen. In dieser Zeit leben wir im Augenblick, und der Augenblick ist Glück. Nichts anderes zählt.

Ab dem ersten Lebensjahr: Wir beginnen damit, die ersten Entscheidungen zu treffen, was wir mögen und was wir nicht mögen. Manches finden wir schön und manches bringt uns zum Weinen. Glück ist in diesem Moment noch ein eher minimaler Erlebnisschatz. Glücksempfindungen werden vielleicht durch etwas ausgelöst, das kuschelig, lieb und warm ist, und stellen sich nicht ein, wenn etwas als heiß, kratzig oder böse empfunden wird. Insgesamt ist es so, dass uns ein tiefes Glücksempfinden in diesem Alter nie wirklich verlässt.

Niemand kann dies beweisen, aber ich vermute, dass ein grundlegendes Entspannt- und Zufriedensein, das unserer Natürlichkeit entspricht, in diesem Alter nie ganz verschwindet, auch wenn wir mal lauthals schreien – wir müssen ja nicht mit allem einverstanden sein.

Ab dem zehnten Lebensjahr: Glück besteht darin, zu gewinnen und der Beste zu sein. Wenn wir gute Noten bekommen, werden wir gelobt. Wenn wir etwas gut machen, klopft man uns auf die Schulter. Uns erwartet eine Belohnung, wenn wir brav sind, und wir bekommen viel Aufmerksamkeit und Liebe, wenn wir den Erwartungen an uns entsprechen. Erwartungen zu erfüllen, steht ohnehin hoch im Kurs. In diesen prägenden Jahren werden wir regelrecht darauf trainiert, lieb zu sein. Andere sollten uns gut finden, so sind sie auch gut zu uns. Hier ist das Glücksempfinden teilweise schon abwesend, und zwar wenn wir weggestoßen, ausgelacht, nicht respektiert oder nicht akzeptiert werden. Der Lebenskampf hat begonnen. Eigentlich müsste es kein Kampf sein, doch die Schule des Lebens hat begonnen. Sie hat den Kampf für uns alle vorgesehen, zumindest im Schulhaus Erde.

Ab dem 18. Lebensjahr: Glücksgefühle sind jetzt von Spaß, Unternehmungen und Besitz abhängig. Bis in die frühen Morgenstunden feiern, das erste Auto spazieren fahren und Freundschaften knüpfen und pflegen, davon sind wir jetzt emotional hauptsächlich abhängig. Die erste Liebe entscheidet über freudvolle Empfindungen oder über die Enttäuschung des Lebens. Wir schlittern von einem Desaster ins nächste, stoßen uns sozusagen unsere Hörner ab. In dieser Zeit bedingen sich Glück und Freunde so sehr wie niemals sonst. Zum Glück gehört jetzt auch, nicht mehr bei den Eltern zu leben und eine eigene Wohnung zu beziehen, wo man tun und lassen kann, was man will. Nun wissen wir, was Glück bedeutet. Das glauben wir zumindest.

Ab dem 30. Lebensjahr: Jetzt glauben wir, noch mehr zu wissen. Es wird kompliziert. Unser Drang, nach vorne zu schnellen, steht uns im Weg, wenn es darum geht, das wahre Glück zu erforschen. Davon wollen wir jetzt aber ohnehin noch nichts wissen. Wir wollen leben und herausfinden, ob das persönliche Glück auch zu uns findet. Ich glaube kaum, dass wir in diesem Alter zwischen persönlichem und unpersönlichem Glück unterscheiden könnten. Vielleicht ist es ganz gut, dass wir noch ein wenig Zeit haben, bis wir uns für tiefere Sphären öffnen. Wir werden noch vieles ausprobieren und schlussendlich sehen, dass uns manches zwar befriedigt, aber nicht dauerhaft glücklich macht. Warum ist das aber so? Eigentlich beflügelt es uns doch, warum dann nicht dauerhaft? Diese Frage wird uns noch länger beschäftigen. Wir akzeptieren längst nicht mehr alles. Wir lassen uns auch nicht mehr blenden und so stark beeinflussen wie früher. Wir sagen immer öfter, was wir denken, und haben genaue Vorstellungen vom Leben. Glück hat in diesen Jahren viele Gesichter. Es kann mit der Karriere im Beruf verknüpft sein oder mit der Familienplanung. Doch nach einigen schönen Jahren stellen wir fest, dass wir nicht wirklich weitergekommen sind. Irgendwie haben wir uns das Leben anders vorgestellt.

Ab dem 40. Lebensjahr: Nun sind wir entweder da, wo wir immer schon sein wollten, oder wir haben immer noch nicht das erreicht, was wir uns vorgestellt hatten. Unterschwellig spüren wir, dass wir verzweifelt nach etwas suchen. Wir wissen aber nicht genau, was das ist – oder was das überhaupt sein sollte. Wir befinden uns auf der Suche. Immer noch. Eigentlich ist die Geburt der Beginn der Suche. Das ganze Leben ist nach der Suche nach Glück ausgerichtet, ganz gleich ob wir es wissen oder nicht. Ganz gleich ob wir uns dessen bewusst sind oder nicht, ob wir mit unseren Lebensumständen zufrieden sind oder nicht – irgendetwas in uns ist rastlos. Das mag daran liegen, dass wir uns nach unserer eigentlichen Heimat sehnen.

Irgendwie ist alles mehr Schein als Glück, was wir empfinden. Auch wenn die Umstände ganz okay zu sein scheinen – etwas stimmt nicht. Aber warum? Ich habe doch alles. Wieso bin ich nicht glücklich? Stimmt etwas nicht mit mir? Warum habe ich keinen Erfolg? Warum finde ich keinen

Partner? Was soll das alles? Keine Ahnung. Die Suche geht weiter. Von Glück kann hier nicht die Rede sein.

Ab dem 50. Lebensjahr: Diese Phase ist eine der glücklichsten Phasen. Warum? Jetzt stehen wir in der Blüte unseres Lebens, weil wir noch viel erforschen können und gesundheitlich noch in Schwung sind. Bekanntlich baut der Körper ja schon ab dem 30. Lebensjahr ab, doch körperliche Wehwehchen sind auch mit 40 noch kaum zu spüren. Mit 50 ist ein Wendepunkt unseres Lebens erreicht. Wir haben die Lebenshälfte bereits überschritten und der Körper beginnt, spürbar abzubauen. In vielem werden wir langsamer, was auch bedeutet, dass wir die Dinge mehr hinterfragen als zuvor. Dieses Einbremsen hat also auch sein Gutes. Nie war die Chance so groß, dass sich der Mensch nach innen wendet. Spiritualität bekommt eine andere Bedeutung, auch wenn das Interesse daran schon vor zehn oder zwanzig Jahren begann – jetzt ist der richtige Zeitpunkt, dem Glück auf diesem Weg auf die Schliche zu kommen. Auch wenn wir es noch nicht verwirklichen, wir haben die Tiefe und Reife, um vieles zu erforschen. Oft haben wir uns zudem eine solide Basis geschaffen und können uns ein wenig zurücklehnen, selbst wenn der Job uns fordert. Die Kinder sind in dem Alter, in dem sie nicht mehr so viel Zuwendung brauchen, und wir haben Zeit für uns selbst.

Ab dem 60. Lebensjahr: Irgendwie scheint das Glück von selbst durch uns hindurchzuscheinen, wir haben zumindest einen Geschmack davon bekommen. Eine gewisse Weisheit stellt sich ein. Die Rastlosigkeit wir weniger, wir sind ruhiger geworden. Wir wollen nicht mehr alles wissen und beschäftigen uns nicht ständig mit Dingen, die unwichtig sind. Mehr und mehr wenden wir uns dem Wesentlichen zu. Wir haben es nicht mehr eilig. Vertrauen hat sich eingestellt. Eigenartigerweise lassen wir uns jetzt auch Dinge sagen, denn recht zu behalten ist nebensächlich geworden. Wir sind mit weniger zufrieden und genügsamer. Es ist durchweg ein Lebensabschnitt, in dem Genuss großgeschrieben wird, da wir Tage der Gesundheit zu schätzen wissen. Das Leben hat eine andere Qualität, und wir erlauben uns auch, von unserer Meinung abzuweichen. Wir respektieren das Anderssein unserer Mitmenschen und nähern uns einer Haltung, in der das Persönliche in den Hintergrund tritt. Wie schön jeder Tag sein kann, nährt eine tiefe Dankbarkeit in uns, die Tag für Tag zunimmt und uns wohlgesonnen stimmt.

Ab dem 80. Lebensjahr: Es sind einige Jahre vergangen und wir sind noch weiser geworden. Wir haben uns auch mit dem Tod auseinandergesetzt und wissen, dass es nicht mehr so lange dauert, bis wir Abschied nehmen. Doch der Abschied muss nicht schmerzvoll sein, wenn ich mich mit mir selbst, dem Umfeld und dem Leben noch zu Lebzeiten aussöhne.

So Gott will, habe ich noch einige Jahre Zeit dazu, Ordnung zu schaffen. Ordnung zu schaffen ist ohnehin ein wichtiges Lebensthema, dessen wir uns oft erst zu spät bewusst werden. Dies hat etwas mit Reife zu tun. Das Leben hat seine eigene Ausdrucksweise, seinen eigenen Schwung und ganz bestimmt ist das Chaos die Ordnung der Natur. Doch menschliche Ordnung hat etwas mit Klarheit zu tun, und je älter wir werden, umso klarer werden wir. Und je klarer wir werden, umso mehr Glück wird sich uns offenbaren.

Mit körperlichen Gebrechen können wir nach und nach gelassener umgehen, und es ist auch nicht so wichtig, dass alles immer perfekt funktioniert. Wir erlauben uns und dem Leben, seine eigene Art und Form zu haben. Wir sind nachsichtig geworden.

Wir ziehen Bilanz: Glück kostet nichts. Glück kann man nicht kaufen, doch es ist frei. Es beginnt mit dem Aufwachen und endet nie. Es unterscheidet nicht. Wir können das Glück in allem finden, und wenn das Leben einmal damit spart, verzagen wir nicht. Wir haben jeden Tag die Möglichkeit, neu zu beginnen. Es ist nie zu spät. Wahres Glück braucht keinen Grund, es kommt ohne aus.

Wie werden wir

endlich

glücklich?

Gibt es Bedingungen für persönliches Glück?

Als Baby sind wir glücklich, wenn wir die Flasche bekommen oder von der vertrauten Mutterbrust trinken können. Als Kind freuen wir uns über nahezu alles. Wir freuen uns sogar über den Sonnenstrahl, über kleine Missgeschicke anderer, über ganz alltägliche Dinge oder kleine Ausflüge mit der Mama in den Garten oder wenn Papa uns ins Bett bringt. Ein Kind braucht nicht viel, um glücklich zu sein. Das Glück, was das Kind erlebt, ist auf der einen Seite etwas Natürliches und gleichzeitig eine Form von reinem Egoismus, um zu überleben. So beschreibt es zumindest die Psychologie.

Je älter wir werden, umso mehr streben wir Besitztum an, da wir Glück mit Macht und Materialismus in Verbindung bringen. Hinzu kommt die Idee, dass wir nur zu zweit glücklich werden können. Natürlich ist Glückseligkeit von nichts abhängig, nur das, was wir unter Glück verstehen. Doch dieses Glück ist, wie bereits erwähnt, vergänglich.

Wahre Glücksgefühle sind wie Ebbe und Flut, aber etwas, das uns Mut macht und aufbaut. Sie tun einfach gut. Wenn wir Hunger haben und etwas Leckeres essen, nach einer Idee Ausschau halten und plötzlich einen Geistesblitz haben, wenn wir uns verlieben, ein lang gehegter Wunsch in Erfüllung geht oder ein geplantes Werk gelingt, fühlen wir etwas tief in uns drin, das uns erfüllt. In diesem Augenblick sind alle Gedanken und Zweifel wie von Zauberhand verschwunden. Das Glücksgefühl hat sich in den Vordergrund gedrängt. Jeder genießt diese Momente, und wir alle haben schon sehr viele davon erleben dürfen. Doch alles, was sich vor uns stellt, wird irgendwann wieder in den Hintergrund rücken. Das ist durchaus normal, dass es im Leben ein ständiges Auf und Ab gibt, die geistigen Gesetzmäßigkeiten erzählen davon. Ein Oben setzt ein Unten voraus, und wo es Licht gibt, wird auch Schatten fallen. Das ist normal, und wir alle wissen das.

Fakt ist allerdings, dass wir immer die guten Seiten anstreben und diese festhalten wollen. Gegen die schlechten hegen wir einen Widerstand. Doch hier ist es wichtig, im Gleichklang zu sein. Was macht es für einen Unterschied, ob ich eine gute oder eine schlechte Note bekomme? Für mich mag es gravierend sein, weil ich viel gelernt habe und nachfolgende Ereignisse davon abhängig sind. Nichtsdestotrotz unterscheiden sich Gut und Schlecht nicht wirklich voneinander – individuell ja, kollektiv gesehen kein bisschen.

Gut und Schlecht haben die gleiche Kraft und Energie. Wir sind es, die etwas als gut oder schlecht erklären. Somit ist das Glück nicht von vielen Kriterien abhängig, sondern nur von uns selbst – und zwar von unserer Einstellung zu den Dingen. Wenn wir etwas als gut bezeichnen, sind wir glücklich. Sehen wir es als schlecht an, werden wir uns nicht darüber freuen.

Sie müssen sich nicht über Negatives freuen und über Positives ärgern, das ist hiermit natürlich nicht gemeint. Es geht darum, im Einklang zu sein – und zwar unabhängig von Emotionen und Ereignissen. Wenn sich Gutes und Schlechtes ohnehin die Hand reichen und es einmal so und einmal so ist, dann wäre es doch am einfachsten, immer in der Mitte zu bleiben, oder? Ich brauche mich nie in die gute Richtung zu strecken und mich auch nicht in die Richtung der schlechten Seite zu lehnen. Ich kann aus der Mitte heraus beobachten, was geschieht.

Noch einmal: Wer entscheidet eigentlich, wie etwas ist? Natürlich ich. Wenn allein ich es bin, der den Daumen hoch oder runter halten kann, kann ich mich einfach dazu entscheiden, in beidem einen Sinn zu sehen. Den muss ich nicht kennen, es reicht völlig aus zu wissen, dass es so, wie es ist, absolut okay ist. Dies bedeutet aber nicht, nicht zu handeln und alles gutzuheißen. Es geht darum, eine Klarheit zu entwickeln und zu erkennen, dass Unterschiede in mir entstehen. Unterschiede sind nicht im Außen, ich selbst füge sie dem Leben hinzu. Das, was mir gegen den Strich geht, muss ich keineswegs gutheißen, aber ich kann den Widerstand loslassen. Dieses ständige Dagegensteuern raubt uns nicht nur kostbare Kraft, sondern hält uns in der eigenwilligen Perspektive fest, etwas ändern zu wollen. »Es ist schlecht, so will ich es nicht haben! Es muss anders sein!« Ständig haben wir etwas zu meckern und ständig wollen wir etwas ändern. »Nein!«, sagen wir, »so kann es doch nicht sein!« Es kann, sonst wäre es nicht so. Ihre Lebensumstände sind der beste Beweis dafür. Wenn ich nicht gegen etwas oder für etwas sein muss, erleichtert das das Leben enorm. Wir können uns gar nicht vorstellen, was diese Entscheidung für gravierende Folgen haben wird – und wie glücklich wir mit einer entspannten, gelassenen Haltung sein werden!

Akzeptanz als Garant für Lebensfreude

Vielleicht ist zu viel Erfolg schädlicher als Misserfolg. Haben Sie darüber schon einmal nachgedacht?

Keiner will ihn, alle kennen ihn: den Misserfolg. Erfolg oder Misserfolg werden stets persönlich genommen. Dies bedeutet, dass der Mensch erfolgreiche oder missglückte Handlungen mit dem persönlichen Selbstwert verknüpft. Beides hat jedoch absolut nichts mit Ihrer Person zu tun. Auch wenn Sie etwas getan haben und dafür verantwortlich sind, Sie sind nicht in der Lage, ein Ergebnis zu bestimmen. In welche Richtung Sie es auch immer lenken, es nimmt seinen Lauf – und zwar ohne Ihr Einverständnis.

Lösen Sie sich von den Resultaten und kümmern Sie sich um den Samen, indem Sie ihn aus dem Fluss des Lebens gießen.

Was ist eigentlich Misserfolg? Ganz bestimmt etwas, das keine Lebensfreude schürt. Misserfolg wird als Versagen verstanden, wobei er nur aufzeigt, dass etwas *nicht erfolgt* ist. Etwas ist nicht eingetroffen. Etwas hat nicht funktioniert. Etwas ist schiefgelaufen. Doch wissen Sie, wie es gerade laufen muss? Was ist schief? Was ist gut? Was ist schlecht? Wie soll es sein? Wie darf es sein? Wer bin ich, um zu bestimmen, wie das Leben verlaufen soll? Nur weil wir eine Vorstellung und ein Ergebnis im Kopf haben, bedeutet dies noch lange nicht, dass das Leben nach unserer Pfeife tanzt. Das Leben hat seinen eigenen Schwung.

Doch die wenigsten können das akzeptieren. Aber warum wollen wir immer alles anders haben? Ist es denn so schwierig, die Umstände einfach zu akzeptieren? Wenn Sie einem kleinen Kind rote Bausteine geben, wird es ganz bestimmt nicht weinen, weil es keine blauen hat. Es weiß nichts von den blauen. Wie gut! Von kleinen Kindern kann man etwas lernen. Und zwar viel: Hingabe an den Augenblick, Freude an der Bewegung und absolutes Vertrauen. Mit dem Erwachsenwerden schleicht sich nach und nach etwas Unbeugsames ein. Biegsam war gestern. Wir möchten bestimmen. Alle kennen den Spruch aus der Bibel: »Dein Wille geschehe.« »Mein Wille geschehe« ist aber das, wonach wir leben.

Natürlich hat jeder seine Vorlieben, Wünsche, Ziele und Pläne, aber die haben keinen Einfluss auf das, was schlussendlich geschehen wird. Jeder Mensch darf Pläne haben und Wünsche hegen, doch ob Sie in Erfüllung gehen, bestimmen unsere Prägungen, unsere Gedanken, unsere Handlungen, unsere Worte, unsere Gefühle und alles, was uns ausmacht und was wir sind. Wie wir leben und denken, wird weitgehend unseren Lebensinhalt und -ablauf bestimmen. Es versteht sich von selbst, dass ein gut gelaunter Mensch, der stets fröhlich ist und positiv denkt, andere Wirkungen erzeugt als ein griesgrämiger. – Es gibt keine andere Ursache für das, was geschieht, als uns selbst. Wir können überall die Schuld suchen, was schlussendlich nichts daran ändert, dass es an unserem Sosein liegt, wie sich das Leben zeigt.

Was verstehe ich unter Misserfolg?

Bin ich erfolgreich? JA ☐ NEIN ☐

Wo möchte ich erfolgreich sein?

Gelassenheit und Glück

Wenn du dich an einem schwarzen Tag erfreust, bist du ein sehr weiser Mensch.

Ob Angst, Traurigkeit, Depressionen, Minderwertigkeit, Schuldgefühle, Verletzlichkeit, Hass, Trauer, Wut oder Ungeduld, all das sind freudlose Emotionen. Die wollen wir am liebsten eliminieren, wir versuchen, ihnen aus dem Weg zu gehen oder sie zu unterbinden. Wie werde ich ein unangenehmes Gefühl los? Ganz bestimmt nicht, indem ich es ablehne, denn wenn man es ablehnt, verstärkt es sich. Doch wie soll ich mich mit der Angst anfreunden, wie mit Traurigkeit aussöhnen und wie mit Wut umgehen?

Akzeptanz ist ein zweischneidiges Wort. Etwas zu akzeptieren, bedeutet, es irgendwie annehmen zu müssen. Aber wie soll ich etwas annehmen, wenn ich es nicht leiden kann? Ich weiß, dass ich es annehmen muss, denn dann wird es mir angeblich besser gehen – daher akzeptiere ich es. Aber damit lügen Sie sich in die eigene Tasche. Wahre Akzeptanz stellt sich erst ein, wenn ich mich dem Lebensfluss ganz hingeben kann. Wenn ich verinnerlicht habe, dass der Fluss des Lebens immer in Ordnung ist. Wenn ich nicht mehr versuche, ihn umzuleiten, betrete ich den Raum einer natürlichen Akzeptanz, die mit der herkömmlichen, wie wir sie kennen, nichts zu tun hat.

Man liest viel über das Loslassen. Loslassen ist etwas Wunderbares, doch Loslassen setzt eine Bindung voraus. Wir sind an Dinge gebunden, die wir loslassen wollen oder sollten, sonst müssten wir sie ja nicht fallen lassen bzw. aufgeben. Das Seinlassen trägt dagegen eine völlig andere Energie in sich. Im Seinlassen ist Leichtigkeit vorhanden, da dies kein Vorgang, sondern eine Form der natürlichen Akzeptanz ist. Wenn ich mich heute darüber ärgere, dass es regnet, kann ich es zähneknirschend akzeptieren, weil mir ohnehin nichts anderes übrigbleibt. Ich kann das Wetter aber auch einfach so sein lassen, wie es nun einmal ist. Ich richte meine Aufmerksamkeit auf etwas anderes bzw. ziehe die Aufmerksamkeit vom Wetter ab. Alle Gedanken, die hochkommen und mir ständig sagen, wie unerfreulich es ist, dass dieses Wetter so schlecht ist, kann ich getrost sein lassen. Ich bin nicht in der Pflicht, diesen Gedanken zu folgen oder ihnen einen Raum zu geben. Ich kann sie draußen lassen. Sie sind zwar da, aber ich muss mich nicht um sie kümmern. Wenn ein Reisebus vor Ihrer Wohnung stehen bleibt und alle Insassen bei Ihnen zu Mittag essen wollen, können Sie entscheiden, ob Sie sie hereinbitten oder ob sie draußen bleiben müssen. Ob die Reisegruppe dann stundenlang vor dem Haus verbringt oder gleich weiterfährt, spielt überhaupt gar keine Rolle, wenn ich das Szenario nicht verfolge. Dies bedeutet, mich gedanklich nicht damit auseinanderzusetzen, nicht aus dem Fenster zu schauen und das Ereignis nicht weiter mit Energie aufzuladen, indem ich darüber nachdenke. Also: Ganz gleich, welche Vorfälle sich ereignen und was sich ergibt, ich beziehe mich nicht darauf – und dann wird es mir nichts anhaben können.

Dinge geschehen, daran kann der Mensch nichts ändern. Wir wissen nie, was morgen passiert, und das, was heute ist, kann wenige Stunden später schon keine Gültigkeit mehr besitzen. Wichtig ist nur, die Dinge sein zu lassen, das heißt, sich **nicht** einzumischen. Wer sich nicht in das Leben einmischt, bewahrt seine Reinheit. Und: Je reiner das Leben ist, desto klarer wird es verlaufen. Je klarer das Leben verläuft, umso lebensfroher werden wir sein.

Bitte füllen Sie folgende Fragen aus, bevor Sie weiterlesen.

Was bedeutet für Sie Akzeptanz?

Fällt es Ihnen schwer zu akzeptieren?

JA ☐ NEIN ☐

Vermerk: ______________________

____

____

Was löst das Wort »loslassen« in Ihnen aus?

____

____

____

Glauben Sie an Schicksal oder Zufall?

JA ☐ NEIN ☐

Vermerk: ______________________

____

____

Sind Sie sich bewusst, dass Ihr Leben nur so verlaufen kann, wie es gerade jetzt ist?

JA ☐ NEIN ☐

Vermerk: ______________________________

____

____

Versuchen Sie, Ihr Leben zu verändern?

JA ☐ NEIN ☐

Vermerk: ______________________________

____

____

Das Leben fließt – und das ist ein großes Glück

Leben bedeutet Wandel. Die stete Veränderung ist das größte Geschenk, das man vollkommen annehmen sollte.

Das Leben findet nur statt, um uns Gutes zu tun. Ich weiß nicht, wie oft ich diesen Satz in dieser oder ähnlicher Form schon ausgesprochen und niedergeschrieben habe. Wer bereits ein Buch von mir gelesen hat, wird sich vielleicht daran erinnern. Jahre vergehen, die Anforderungen nehmen zu, der Wandel in der Gesellschaft macht uns zu schaffen. Der Mensch wird mehr und mehr automatisiert, Maschinen und Computer übernehmen die Aufgaben, die einst der Mensch erledigt hat. Fortschritt ist nicht unbedingt etwas Schlechtes und er lässt sich gewiss nicht aufhalten, aber dennoch ist es ein Fakt, dass wir tagtäglich einem größeren Druck ausgesetzt sind. Es ist die Schnelllebigkeit, die dafür sorgt, dass wir ständig hinterherhinken. Zumindest glauben wir das. Aber hinterherhinken können wir nur, wenn wir uns einbilden, zu langsam zu sein oder etwas schneller machen zu müssen. Doch wer setzt diese Kriterien fest?

Rasante Veränderungen sowie Wachstums- und Entwicklungsexplosionen ängstigen den Menschen, da er durch die Konfrontation mit der Außenwelt zur Handlung gezwungen wird. Natürlich sind wir immer dazu aufgerufen, unseren Mann bzw. unsere Frau zu stehen und Verantwortung zu übernehmen. Was natürlich wiederum bedeutet, ständig etwas tun zu müssen – sei es planen, ändern, ordnen oder sortieren. Solange sich die Welt dreht, wird sich das Gedankenkarussell in unserem Kopf drehen. Doch machen wir uns einmal bewusst: Die Welt ist ein Konstrukt aus Gedanken, das wir selbst kreieren.

In dieser Welt ist die Menschlichkeit leider auf der Strecke geblieben. Wir tun vielleicht etwas für unser Umfeld, aber das beschränkt sich meistens auf Familie und Freundeskreis. Und was ist mit den anderen? Genau genommen gibt es nur eine Familie: die Menschenfamilie. Wer nicht jedes Lebewesen ausnahmslos respektiert und achtet, dem wird sich die Lebensfreude bestimmt nicht offenbaren. Wir sind nicht auf der Welt, damit uns das Leben dient, sondern um dem Leben und seinen Wesen zu dienen. Dienen ist dabei nicht als Unterwürfigkeit, sondern als eine Art Dankbarkeit zu sehen, die sich durch Menschlichkeit, Fürsorge, Herzlichkeit und Hilfsbereitschaft auszeichnet. – Wir sollen die Belange anderer über unsere eigenen stellen? Dies ist eine Frage, über die wir wirklich einmal nachdenken sollten. Es ist menschlich und durchaus normal, dass wir hier Widerstände hegen. Doch es sind genau diese Widerstände, womit wir uns erfolgreich von unserem Lebensglück abschotten.

Wir wehren uns ständig gegen Gegebenheiten. Einmal passt uns dieses nicht, einmal das andere nicht. Heute ist das Wetter schlecht und morgen hadern wir mit etwas anderem. Übermorgen wollen wir das nicht hören, und irgendwann nervt uns ein Zeitgenosse. Doch wann findet später, früher, morgen, übermorgen, gestern, heute oder irgendwann eigentlich statt? Wenn immer nur jetzt ist, stellt sich die Frage, ob es sinnvoll ist, dass uns am Moment etwas stört. Dieser Moment ist göttlich. Dieser Moment ist heilend. Dieser Moment ist allumfassend. Er mag vielleicht nicht unseren Vorstellungen oder Wünschen entsprechen, aber er ist das Produkt unseres Soseins. Und daran gibt es nichts zu rütteln.

Der Augenblick ist wie ein Fingerabdruck, der Ausdruck unserer Gedanken. Wir haben ihn ins Leben gerufen – niemand sonst. Dafür brauchen wir uns aber nicht schuldig zu fühlen und uns einzureden, dass wir diesen Zustand oder diese Umstände verursacht haben. Warum? Weil es so etwas wie Schuld nicht gibt. Es gibt Wechselwirkungen, was so viel bedeutet, dass eine Ursache einer Wirkung folgt und die Wirkung eine neue Ursache auslösen wird. Dies ist ein

Resonanzprinzip, das aber nicht durch unsere Persönlichkeit ausgelöst wird, sie ist lediglich beteiligt.

Der Körper ist unser Werkzeug und begleitet uns auf diesem Erfahrungsweg, der sich Leben nennt. Es gibt kein Entrinnen. Das Wort Entrinnen kommt ja nur dann zum Tragen, wenn wir das Leben als unangenehm empfinden. Wer den Augenblick erfüllt, muss sich nicht um ein Entrinnen kümmern, weil er nirgendwo gefangen ist. Er bindet sich nicht, er haftet nicht an. Er ist frei von der Zeit – und doch lebt er mitten in diesem Zeitkontinuum. Er ist eingebettet in die Welt – und doch ist er sich vollumfänglich bewusst, dass das, was er als Welt erlebt, nur seine Interpretation sein kann. – Die Welt findet nur in Ihrem Kopf statt, wo sonst soll sie sein?

Im Alltag voll präsent zu sein und jede Sekunde zu erfüllen und zu genießen, ist das Rezept für Lebensfreude. So erfüllen wir alle unsere Aufgaben und lassen uns von ihnen weder beeindrucken noch unter Druck setzen. Wer ohne Abschweifungen vollkommen anwesend ist, hat erkannt, dass er ja nichts anderes tun kann als das, was getan werden muss. Die Vergangenheit ist längst vorbei. Und warum sich um die Zukunft kümmern? Dies bedeutet nicht, nichts zu planen, sondern den Lebensfluss durch Handlungen, die sich ergeben, zu unterstützen.

Das Leben ist heute so und morgen so. Das ist nicht weiter schlimm, wenn wir den Augenblick nicht mehr verlassen und ihn als Fundament für die Alltagsbewältigung nutzen. »Bewältigung« mag nicht das richtige Wort sein, dennoch verwende ich es bewusst, denn in diesem Wort schwingt auch ein bisschen mit, dass wir in der Regel gegen den normalen Lebensfluss vorgehen. Wir sind oft voll und ganz damit beschäftigt, den gegenwärtigen Zustand zu verändern, wir wollen ihn »anders haben«. Dies bedeutet, dass wir das, was jetzt ist, ablehnen und unsere ganze Energie in eine mögliche Veränderung stecken. Dieser Energieverlust bedeutet Stillstand. Lebensfreude aber ist ein steter Fluss.

Warum nicht mit dem Leben fließen? Was spricht dagegen, den Augenblick zu zelebrieren und ihn vollends auszukosten? Und wenn uns dieser emotional bewegt oder gegen den Strich geht, durchleben wir ihn! Es gibt ohnehin nichts anderes zu tun und auch keine andere Möglichkeit. Lassen wir das Leben so sein, wie es ist. Jedes Erlebnis zieht vorüber. Was in diesem Augenblick für Sie Wahrheit bedeutet, kann bereits am Abend unwahr sein. Was spricht dagegen, jeden Augenblick mit Heiterkeit zu erfüllen? Es gibt nur diesen einen Augenblick. Wie auch immer er sich zeigt, er kann nie falsch sein. Sie können ihn nur als verkehrt bezeichnen. Das ändert aber nichts daran, dass genau dieser Augenblick absolut perfekt ist. Und zwar abgestimmt auf Sie. Auf Ihre Gedanken. Auf Ihr Verhalten. Auf Ihre Seelenqualität. Ihr Leben ist das, was Ihre Persönlichkeit spiegelt. Leben Sie es, es gibt kein anderes.

Das Glück lebt im Jetzt

Wenn Sie sich in diesem Moment nicht freuen, leben Sie nicht im Augenblick.

Jeder Augenblick trägt eine heilende, freudespendende Kraft in sich, der Augenblick ist Heilung. Wenn wir die Augenblicke überspringen, indem wir sie unbewusst erleben, bringen wir uns um genau diese Heilung. Wir umgehen die Erfüllung, die nicht nur jedem Atemzug innewohnt, sondern jedem einzelnen Moment. Auch zwischen den Momenten kann diese Erfüllung nicht abwesend sein. Warum aber spüren wir sie nicht? Weil wir dem Augenblick vorauseilen oder hinterherhinken. Eigentlich ist immer nur jetzt, was uns aber nicht bewusst ist. Vielleicht wissen wir es und haben es schon einmal gehört oder gelesen, aber wir ignorieren es. Vielleicht haben wir es auch vergessen. Doch: Es ist höchste Zeit, sich wieder daran zu erinnern.

Sobald sich Gedanken einmischen, werden wir aus dem Jetzt katapultiert. Im Jetzt gibt es keine Gedanken, weil Gedanken nur im Zeitgefüge existieren und nur dort erlebt werden können. Das Jetzt aber, von dem ich hier spreche, ist zeitlos. Es befindet sich außerhalb der Zeit und hat mit Gedanken nicht das Geringste zu tun. Sie können in diesem Augenblick gar nichts denken. Wenn Sie glauben, das zu tun, sind Sie lediglich in Ihren Gedanken verstrickt, befinden sich aber außerhalb des Augenblicks.

Nun werden Sie vielleicht sagen, dass es nicht möglich ist, nichts zu denken. Es mag sein, dass die Momente sehr rar gesät sind, in denen Gedanken abwesend sind, was aber nicht bedeutet, dass wir nicht immer im Augenblick sein können. Wenn wir uns von Gedanken nicht beherrschen und vereinnahmen lassen, können wir jederzeit im Hier und Jetzt verweilen und dort Lebensfreude finden. Im Jetzt zu sein bedeutet, keine Gedanken **zu haben**, aber nicht, dass Gedanken völlig abwesend sind. Es gibt einen kleinen Unterschied zwischen Gedanken, die hier sind, und Gedanken, über die wir uns definieren. Wenn wir uns bewusst werden, dass unsere Gedanken nicht wir, sondern etwas Eigenständiges sind, wird sich das Tor zur Lebensfreude öffnen.

Sie haben keine Gedanken und sie besitzen keine. Sie sind der Beobachter von Gedanken, die kommen und gehen. Sie entscheiden, welche Aufmerksamkeit Sie ihnen schenken. Stellen Sie sich vor, Sie gehen im Wald spazieren. Sie kommen an einem verwahrlosten Haus vorbei und betrachten es. Der Zustand des Hauses kann Ihnen eigentlich egal sein, weil Ihnen das Haus nicht gehört. Wäre es Ihr Haus, würden

Sie eventuell ein Problem damit haben und es instand setzen wollen. Damit möchte ich Ihnen den Unterschied zwischen Haben und Nichthaben aufzeigen. Alles, was Sie haben, bedeutet gleichzeitig eine Belastung. Alles, was nicht Ihnen gehört, könnte Ihnen, zumindest rein theoretisch, jedoch vollkommen egal sein.

Ebenfalls problematisch: das Habenwollen. Es ist bekannt, dass wir mit dem, was wir haben, ständig unzufrieden sind und es nicht wirklich zu schätzen wissen. Warum das so ist, bleibt ein Rätsel. Wir machen uns viel zu viele Gedanken über das, was wir nicht haben, und sind andauernd damit beschäftigt, es zu bekommen. Damit schließt sich der Teufelskreis erneut: Wir verlassen den Augenblick, weil wir etwas wollen oder suchen.

Wann gedenken wir, endlich nur hier zu sein?

Was bedeutet für es mich, »im Augenblick zu sein«?

Was lenkt mich ab? Was bringt mich weg von mir?

Es sind die Vorstellungen,
die uns Angst machen, nicht die Situationen.

Wenn Sie jetzt an eine unangenehme Situation denken, bekommen Sie sofort ein ungutes Gefühl. Warum ist das so? Es ist ja noch gar nichts passiert! Doch wir leben hauptsächlich in der Vergangenheit oder in der Zukunft und für diese. Wie sieht es bei Ihnen aus? Verschieben Sie Ihr Leben auch auf den Feierabend, das Wochenende, auf den Urlaub oder auf die Rente? Gerne komme ich hier noch einmal auf den Augenblick zurück, weil es so unendlich wichtig ist, im Hier und Jetzt zu leben. Glück kann man nicht finden, es ist im Hier und Jetzt enthalten.

Wann sollen wir leben, wenn nicht jetzt? »Verschieberitis« ist eine Krankheit und kein Kavaliersdelikt. Der etwas eigenwillige Begriff hat sich schon längst in der deutschen Sprache etabliert. »Verschiebe nicht auf morgen, was ein anderer heute kann für dich besorgen« kann dieses Thema zwar ein bisschen auflockern, dennoch sollten wir uns wirklich angewöhnen, mit unseren Aufgaben achtsam und verantwortungsvoll umzugehen. Dies bedeutet, immer alles gleich zu erledigen, was erledigt werden kann. Mit Ausreden wie »Das kann ich später machen«, »Das läuft mir ja nicht davon«, »Ich habe noch genug Zeit« oder »Ist jetzt nicht so wichtig« schaden wir uns. Ich denke, dass uns das nicht bewusst ist, sonst würden wir anders handeln.

Aber machen Sie sich einmal bewusst: Alles besteht aus Energie. Das Leben ist ein Energiefluss. Alles fließt und ist ständig in Bewegung. Wenn wir etwas auf die lange Bank schieben, verwehren wir dem Leben den Fluss. Das bedeutet, dass genau in dem Moment, in dem etwas aufgeschoben wird, ein Störfeld entsteht, dass uns ab diesem Moment begleitet. Das erkennen wir an einem unguten Gefühl, das immer wieder hochkommt und uns darauf aufmerksam macht, dass noch etwas zu erledigen ist. Dies erzeugt einen Druck, den wir zwar nicht bewusst wahrnehmen, der jedoch trotzdem da ist. Das könnten wir auch als »etwas im Hinterkopf haben« empfinden. Da war doch irgendetwas, was erledigt werden wollte und uns den Augenblick nicht genießen lässt. Warum? Weil es anklopft. Damit macht es uns darauf aufmerksam, dass es erledigt werden sollte. Es versteht sich von selbst, dass etwas, das unterschwellig mitschwingt, nicht wirklich hilfreich ist, wenn es darum geht, gelassen, losgelöst, fröhlich und glücklich zu sein.

Vielleicht sagen Sie jetzt, dass das nicht so schlimm sei, doch energetisch gesehen sieht das anders aus. Auf einer tieferen Ebene müssen wir die Zusammenhänge verstehen, die für das Auge nicht sichtbar sind. Würden wir in Energiefeldern denken, wäre uns das natürlich vollkommen bewusst. Da Energie für das physische Auge jedoch nicht wahrnehmbar ist, scheint es für uns nicht so wichtig zu sein. Für uns ist vielmehr wichtig und real, was wir sehen können, was wir nachvollziehen können, beweisen und berühren. Doch das Sichtbare ist ja nur ein Ausdruck des Unsichtbaren, eine Hülle, die das repräsentiert, was **eigentlich ist**.

Wir kümmern uns um alles andere, nur nicht um das Wesentliche. Irgendwie sind uns Feinfühligkeit, Intuition, Einfühlungsvermögen, natürliches Menschsein und Hingabe abhandengekommen. Es ist an der Zeit, diese Eigenschaften wieder zu kultivieren, sie aufleben zu lassen. Was kann wichtiger sein als Menschsein? Darunter verstehe ich nicht, ein Mensch zu sein, sondern wahrlich menschlich zu sein. Damit meine ich nicht Charakterzüge, sondern ich spreche von grundlegenden Eigenschaften, die uns mit auf den Weg gegeben wurden. Über die Jahre hinweg wurden sie jedoch vergessen und verschleiert – und nun liegen sie brach. Wie können wir sie wiederentdecken? Wie können wir unser Leben damit bereichern? Wie können wir damit wieder zu wahrem Glück finden?

Dafür müssen wir uns nicht von der Welt abwenden, denn die Welt ist ja nicht schlecht. Die Welt ist gut so, wie sie ist – und genau so, wie wir sie erleben, ist sie das Ergebnis unseres Soseins. Wir sollten uns also nicht über die Welt wundern, sondern über uns selbst. Über unser Verhalten, über unsere Denkweise, über unsere Ansichten, über unsere Einbildungen, über unseren Hochmut und über unsere Vorstellungen. Wie begegnen wir der Welt? Wie gehen wir mit ihr um? Was denken wir über sie? Was erwarten wir von ihr? Das, was wir sehen, ist unsere Vorstellung und nicht die Realität. Von Realität haben wir keine Ahnung, das sollten wir uns eingestehen. Es ist die Illusion, die wir sehen und die wir als real empfinden. Somit erlebt jeder Mensch die Welt aus einer anderen Perspektive und kann niemals dasselbe sehen wie ein anderer. Haben Sie darüber schon einmal nachgedacht?

Es geht nicht darum, das Leben interessanter oder noch erlebnisreicher zu gestalten, es bunter zu machen. Wir müssen im Leben nicht nach Erfüllung suchen, sondern ihm *Inhalt* verleihen. Es liegt an uns, es zu erfüllen, das bedeutet, das Leben als Erfüllung zu erleben. Wir hingegen erfüllen das Leben mit dem, wer wir sind (zu sein glauben), wie wir sind und was wir sind. Doch das, was wir zu sein glauben, ist ein wackeliges Kartenhaus, das irgendwann ohnehin in sich zusammenbrechen wird. Eines Tages entdecken wir, dass die Welt ganz anders ist, als wir sie bisher gesehen haben. Und dann beginnt ein großer Wandel. Sind Sie für diesen Wandel bereit? Schieben Sie den Wandel nicht auf, der richtige Zeitpunkt dafür ist jetzt.

Wer sich gedanklich im Früher und Später aufhält und sich ständig darum sorgt, der wird das Glück nicht finden. Leben Sie jetzt. Es gibt keine andere Zeit.

Einige Fragen zum Nachdenken

- Wo ist die Vergangenheit? Niemand kann sie uns zeigen, doch jeder lebt in ihr und aus ihr heraus.
- Wo ist die Zukunft? Bestimmt jetzt nicht hier! Ängste und Erwartungen, Ziele und Wünsche erzeugen sie in unserem Gehirn. Morgen wird jetzt sein und übermorgen auch.
- Auch die Gegenwart ist nicht das reine Hier und Jetzt, weil sie aus Umständen besteht. Die Gegenwart ist die Folge der Vergangenheit und beide gemeinsam erzeugen das, was wir Zukunft nennen.

Leben Sie in der Vergangenheit?

JA ☐ NEIN ☐

Wenn ja, was hat sie geprägt? Was hemmt und blockiert sie?

Wenn nein, dann sind Sie der Frage auf den Leim gegangen. Sie können nur aus der Vergangenheit leben, weil Sie ein Produkt aus dieser sind. So wie Sie sind, das hat die Vergangenheit kreiert. Und da diese nur in den Gedanken existiert und nie im Augenblick, sollten Sie darüber nachdenken, woraus Sie leben und welche Werte Sie erzeugen.

a) Was bedeutet für Sie Zukunft?
b) Was verstehen Sie darunter und
c) was erwarten Sie sich?

a)

b) ______________________________

____

____

____

c) ______________________________

____

____

____

Wir sollten uns absolut bewusst sein, dass es nur diesen einen Augenblick gibt. Eigentlich ist es nicht der Moment, sondern das, was den Moment hervorbringt, also erzeugt. Die Kraft des Augenblicks wirkt durch alle Lebewesen gleich. Die Wesen selbst sind nur die Ausdrucksform einer Kraft, die so groß ist, dass es jede Vorstellung sprengt. Sprengen Sie die Ketten Ihrer Wahrnehmung und Begrenzungen und gehen Sie über Begriffe wie »früher« und »später« hinaus. Es lohnt sich allemal, mutig zu sein und alte Denkmodelle und Vorstellungen hinter sich zu lassen. Trauen Sie sich! Jetzt!

Ein Problem ist ein Problem ist … vielleicht gar nicht so schlimm?

Wenn Sie mit dem Inhalt Ihres Lebens einverstanden sind, sind Sie offen für das Leben – und wer offen ist für das Leben, dem wird das Leben offen begegnen.

Wir alle haben sie … Probleme. Probleme im Alltag, Probleme mit dem Partner oder »einfach« Probleme, etwas zu akzeptieren. Doch anstatt zu versuchen, das Problem zu analysieren, wäre es sinnvoller, seinem Ursprung auf die Schliche zu kommen. Wie? Indem Sie das Problem genauer betrachten und hinsehen, was es mit ihm auf sich hat. Wo entsteht es, wo kommt es her und wer hat es ins Leben gerufen? Wer ist eigentlich dieser Jemand, der glaubt, Probleme zu haben? Ist das Problem überhaupt real? Denn für mich mag es ein Problem geben, weil ich mich in einer Situation wiederfinde, die mir Leiden und Schmerzen bereitet oder Unruhe stiftet. Doch von dem Problem geht keine Unruhe aus. Die Unruhe entsteht erst durch das Dagegensteuern, den Widerstand, das Nichteinverstandensein.

So sehr es uns auch belastet, wir dürfen nicht in der Problematik stecken bleiben. Richten wir unseren Fokus nur auf die Form, also auf das, was wir sehen, begrenzen wir uns. Damit versperren wir uns der eigentlichen Sicht. Wir sehen nicht dahinter! An der Problematik festzuhalten ist nicht richtig, denn das, was wir sehen, ist lediglich eine Spiegelung im Bewusstsein – und eine Spiegelung kann nicht gelöst werden. Eine Spiegelung kann sich nur ändern, wenn sich ihr Ursprung ändert. Es ist ähnlich, wie wenn Sie im Garten Pflanzen haben, die von Läusen befallen sind und Schneckenfallen aufstellen, so wird sich das Problem nicht lösen. Damit möchte ich sagen, dass das eigentliche Problem die Tatsache ist, dass wir das Problem nicht in seiner Tiefe erfassen, sondern nur unsere Interpretation erfahren. Unsere Interpretation ist jedoch individuell, und weil jeder Mensch die Dinge anders sieht und erlebt, gibt es Milliarden von Interpretationen. Was ist die richtige? Gibt es überhaupt eine richtige Interpretation? Nein, denn eine Interpretation hat nichts mit richtig oder falsch zu tun, sie ist persönlicher Natur. Probleme nun sind Vorstellungen und Interpretationen ohne jegliches Fundament.

Und was hat das Ganze mit Leichtigkeit und Lebensfreude zu tun? Hinter jedem Problem verbirgt sich die Leichtigkeit, da sie unser ursprüngliches Wesen ist. Allerdings wird sie von Interpretationen überlagert, die als Probleme wahrgenommen werden. Leichtigkeit aber ist Stille, und Stille ist der Ursprung allen Seins. Ich meine hier nicht die Abwesenheit von Lärm, sondern die innere Stille. Wir können es auch Energie, Kraft, Alleinheit, göttliche Energie oder Quelle nennen. Das sind nur Namen, und wie auch immer wir es bezeichnen, das spielt schlussendlich keine Rolle. Wichtig ist zu wissen, dass diese Stille immer da ist und jegliches Problem nur ein dunkler Mantel, durch den wir nicht hindurchsehen können. Wenn wir hinter die Dinge sehen, sie durchschauen – und zwar nicht mit den physischen Augen, sondern mit den inneren Augen –, werden wir nichts außer Stille erleben.

Bemühen wir uns also, hinter die Dinge zu sehen und nicht im äußeren Erscheinungsbild stecken zu bleiben. Das Leben wartet mit unzähligen Gesichtern auf. Gott kennt viele Verkleidungen. Lassen wir uns von den Verkleidungen aber nicht beeindrucken, beeinflussen oder verwirren, sondern seien wir uns gewahr, dass die Basis aller Verkleidungen ein und dasselbe ist. Stille ist hier. Stille ist jetzt. Stille ist überall. Stille ist. Beenden wir dieses Spiel von Lug und Betrug. Beginnen wir damit, uns selbst nicht mehr zu belügen und zu betrügen, und Stille – und zwar die eine Stille – wird unser Begleiter sein.

Welches Problem belastet Sie im Moment am meisten? (Benennen Sie es und umschreiben Sie es bitte kurz.)

Nennen Sie fünf weitere Lebensumstände, die Sie als schwierig bezeichnen würden:

Probleme entstehen, wenn wir uns gegen etwas stellen. Schauen Sie bitte genau hin, warum Sie mit der Situation nicht einverstanden sind und weshalb Sie diese ändern wollen. Glauben Sie, dass Sie glücklicher wären, wenn sich die Situation anders zeigen würde? Es gibt bekanntlich ja immer Umstände, die nicht den Vorstellungen entsprechen. Aber müssen wir sie deshalb ablehnen?

Schließen Sie bitte die Augen und spüren Sie den Widerstand, den Sie gegen eine gewisse Situation hegen. Stellen Sie sich bis ins Detail gedanklich das vor, was Sie als Problem bezeichnen. Spüren Sie die Ablehnung und die Emotionen, die Sie als unangenehm empfinden. Versuchen Sie, in dieses Gefühl einzutauchen und es bewusst hervorzurufen. Dann fragen Sie sich, wer diese Ablehnung empfindet. Bleiben Sie eine Zeit lang bei dieser Frage und versuchen Sie nicht, mit dem Verstand eine Antwort zu finden. Warten Sie, bis in Ihnen eine Antwort aufsteigt.

Danach fragen Sie sich, wo der Widerstand herrührt. Warum Sie nicht damit einverstanden sind. Verweilen Sie auch hier eine Zeit lang.

Verstehen Sie diese Aufgabe nicht als Frage, die sich an Ihren Verstand richtet. Versuchen Sie, frei von Gedanken einfach nur zu spüren, was die Aufgabe bzw. die Frage mit Ihnen macht, bevor Sie sie wieder loslassen.

Das Leben hat seinen eigenen Schwung. Jeder Fluss fließt seinem Bachbett nach. Der Fluss kann nicht aufwärts fließen und er kann auch nicht abbiegen, wenn in der Natur keine Biegung vorgesehen ist. Mit dem Leben verhält es sich ähnlich. Söhnen Sie sich mit den Umständen aus. Söhnen Sie sich mit sich selbst aus, seien Sie geduldig mit sich selbst, machen Sie sich keine Vorwürfe und verstricken Sie sich nicht in Schuldzuweisungen. Seien Sie mit sich selbst im Reinen – und gestatten Sie dem Leben seinen Lauf.

Wie man so richtig unglücklich wird

Eine Anleitung zum Unglücklichsein

Gehen wir es jetzt doch einmal andersherum an – wir fragen uns in diesem Kapitel nicht, wie wir glücklich werden, sondern wie wir es schaffen, so richtig unglücklich zu sein! Die Texte sollten dabei nicht nur Ihre Lachmuskeln trainieren, sondern Sie auch etwas zum Nachdenken anregen. Es gibt viel zum Schmunzeln, doch in allem ist auch eine Botschaft versteckt, ein Hinweis, der uns etwas zu sagen hat. Wir alle sind nicht ohne Fehler, doch wir können versuchen, aus Fehlern zu lernen und Schwächen in Stärken umzuwandeln. Also, welche Schwäche darf es für Sie sein?

Verschieberitis

Sollten Sie ein Problem haben, bemühen Sie sich erst gar nicht, es zu lösen. Würden Sie das tun, könnten Sie Gefahr laufen, dass es verschwindet – und das wollen wir doch nicht. Am besten gehen Sie dem Problem aus dem Weg und ignorieren es. Es gibt so viel anderes zu tun, warum sollten Sie sich also gerade um dieses Problem kümmern? Es ist sicher gut, Sie warten ab, bis weitere Probleme dazugekommen sind. Dann können Sie einen ganzen Berg von Problemen vor sich herschieben und es zahlt sich aus, sich nicht darum zu kümmern. Ein einzelnes Problem ist ja geradezu lächerlich. Also warten Sie ab, bis es sich lohnt. Ein weiterer Vorteil: Ist der Berg groß genug, können Sie ihn besteigen. Und weit oben gäbe es durchaus die Möglichkeit, Lösungen zu finden. Aber stopp, nein! Das wollen wir ja gar nicht. Schließen Sie am besten die Augen und schlafen Sie weiter, wie Sie es bisher getan haben. Das ist der sicherste Weg, damit sich nichts verändert und Sie allen Grund dazu haben, sich weiter zu beklagen.

Jammeritis

Schweigen Sie nicht. Sprechen Sie über Ihre Probleme – und zwar so laut, wie Sie können. Wenn man doch jeden Menschen damit beglücken kann, warum sollte man es für sich behalten? Erzählen Sie jedem, dem Sie begegnen, von Ihren Schwierigkeiten. Ganz gleich, ob Sie ihn kennen oder nicht, das spielt doch nun wirklich keine Rolle. Klopfen Sie auch gerne wildfremden Menschen auf die Schultern, um ihre Aufmerksamkeit zu erregen. Es wird sie brennend interessieren, was Sie zu sagen haben. Wieso wollen Sie es für sich behalten, wo Sie doch andere damit beschäftigen können? So hat der andere die Möglichkeit, auch über Ihre Probleme nachzudenken oder sich über Ihre Aussagen zu ärgern und zu wundern. Auf diese Weise schenken Sie ihm zu seinen Problemen noch Ihre dazu! Er wird Sie für Ihre Großzügigkeit lieben.

Stagnieren

»Schwierigkeiten sind dazu da, um sie zu meistern, um daran wachsen und reifen zu können.« Dieser Satz ist natürlich grundfalsch. Hören Sie auf damit, beweglich zu sein, und werden Sie zum Klotz. Ebenfalls wichtig: Lassen Sie sich von der geringsten Kleinigkeit, die in Ihrem Leben passiert, erschüttern. So bleibt das Leben spannend und es wird Ihnen nicht langweilig werden. Wenn Sie andere Menschen sehen, denen es schlechter geht, fragen Sie sie doch einfach mal, was sie gemacht haben. Vielleicht können Sie von ihnen noch etwas lernen! Obwohl Sie ja eigentlich der Mensch sind, von dem die anderen lernen können.

Ignorieren

Sie haben Probleme? Ignorieren Sie sie. Und am besten tun Sie das auch mit Ihrem Umfeld. Wozu irgendetwas ernst nehmen? Sie selbst sind ernst genug, das ist vollkommen ausreichend. Sollten Sie eine Lösung für ein Problem gefunden haben, wenden Sie sie auf keinen Fall an! Ignorieren Sie sie und tun Sie das Gegenteilige. Wenn zum Beispiel eine Aussprache eine Lösung zu sein scheint, denken Sie sich am besten noch ein paar Gemeinheiten aus, die Sie den anderen an den Kopf werfen können. Sie können sich während des Gesprächs aber auch die Ohren zuhalten. Auch das vermittelt einen guten Eindruck und wird sicher nicht zu einer Lösung oder Verbesserung beitragen. Es gibt viele Möglichkeiten, mit denen Sie einer Veränderung aus dem Weg gehen können. Am besten machen Sie immer das Gegenteil von dem, zu dem man Ihnen geraten hat.

Negativ denken

Positives Denken ist out. Denken Sie doch einfach mal negativ. Positiv denken kann ja jeder. Die Kunst ist es, in negativen Gedanken zu baden und diesen See nicht mehr zu verlassen. Es gibt so viele Menschen in Ihrem Umfeld, die einfach nicht gut für Sie sind. Sie sind neidisch oder mögen Sie nicht. Sie haben Sie verletzt oder beleidigt, was Sie ihnen unter keinen Umständen verzeihen sollten! Seien Sie so richtig nachtragend.

Doch manchmal bleibt es nicht aus, dass man eine gute Eigenschaft an sich entdeckt. Sollte dies der Fall sein, denken Sie sofort an Ihre Schwächen und Fehler. So können Sie auf Nummer sicher gehen, dass es Ihnen weiterhin schlecht geht. Die Kunst ist es, jedem positiven Gedanken auszuweichen. Mit geschicktem Negativdenken lassen sich sogar die kleinsten Ängste zu den schönsten Depressionen steigern. Glauben Sie ganz fest daran, dass es Ihnen noch schlechter gehen wird und dass gar nichts mehr funktionieren wird. Wenn alles schiefläuft, sind Sie angekommen.

Ellbogentechnik

Sagen Sie jedem Ihre Meinung, ganz gleich, ob er Sie hören möchte oder nicht. Respektlosigkeit hat sich schon immer bewährt. Lassen Sie niemandem den Vortritt. Nehmen Sie sich im Bus oder in der Bahn ruhig den besten Platz. Hauptsache, Sie sitzen bequem und müssen nicht stehen. Was die anderen machen, kann Ihnen völlig egal sein. Drängeln hat sich schon immer am besten bewährt. Vor allem beim Büfett, ein voller Teller spricht schließlich für sich. Ein guter Tipp: Nehmen Sie von den besten Dingen immer so viel, dass für die anderen nichts übrigbleibt. Ob Sie es aufessen oder nicht, das spielt keine Rolle. Es hinterlässt den richtigen Eindruck, wenn Sie halbvolle Teller stehen lassen mit all den wunderbaren Dingen, die den anderen auch geschmeckt hätten. Bei der Parkplatzsuche gilt dasselbe: Alle Plätze sind nur für Sie reserviert. Vergessen Sie das nie. Es gibt durchaus schwache Momente, in denen Sie eventuell nicht daran denken. Deswegen notieren Sie sich alles, was Ihnen nützlich sein kann. Ein Zettel mit der Aufschrift »Ich habe Vortritt«, locker an den Rückspiegel geheftet, könnte Ihnen oft hilfreich sein. Jeder, der Ihnen die Vorfahrt nehmen will, wird ausgebremst. Sollte Ihnen dafür jemand den Vogel zeigen, ignorieren Sie es. Er hat wohl vergessen, dass Sie immer Vorrang haben. Doch seien Sie nachsichtig, er kennt Ihren Zettel nicht. Aber vergessen Sie nie: Sie sind wichtig. Das Wichtigste überhaupt! Ganz gleich, ob man Sie kennt oder nicht. Selbst schuld, wenn der andere nicht weiß, wie wesentlich Sie sind.

Partnerschaftsregeln

Ihr Partner hat natürlich nur für Sie da zu sein, und er hat Ihnen zu entsprechen. Es versteht sich daneben von selbst, dass er Ihnen jeden Wunsch von den Augen ablesen muss. Sollten Sie einmal verschiedener Meinung sein, ist natürlich Ihre Ansicht die richtige. Was auch immer Sie tun wollen, machen Sie es ungeniert. Ob das dem anderen gefällt oder nicht, das ist sein Problem. Wenn er hingegen etwas unternimmt, wovon Sie überhaupt nichts halten, lassen Sie es ihn wissen. Am besten halten Sie ihn davon ab. Wenn Sie nämlich nicht damit einverstanden sind, ist es ohnehin eine überflüssige Aktion. Vergessen Sie auch die Eifersucht nicht! Seien Sie so richtig besitzergreifend und rechthaberisch. Das ist die richtige Einstellung. Nachgeben kommt für Sie natürlich nicht infrage. Eigentlich sollte Ihnen auch niemand Widerworte geben, sondern Ihnen einfach zuhören, wenn Sie etwas zu sagen haben. Am besten, Sie lassen den anderen erst gar nicht zu Wort kommen, so ist auch dafür gesorgt, dass es erst gar nicht zu einem richtigen Gespräch kommen kann. Ohnehin ist es eine gute Idee, Ihrem Partner ständig ins Wort zu fallen und immer sofort etwas von sich zu erzählen. Schließlich ist es ja Ihre Partnerschaft. Also kümmern Sie sich um sich – und Sie haben gute Chancen, dass sich der andere angleichen wird. Wenn Sie ihm das nämlich vorleben, wird er Ihre Großartigkeit eines Tages bestimmt erkennen und seine Eigenschaften, Gewohnheiten und Ansichten ablegen, die ohnehin nie wichtig waren.

Selbstmitleid und Selbstüberschätzung

Nun kommen wir zu einer Disziplin für Fortgeschrittene, für echte Könner: Selbstmitleid, gepaart mit Selbstüberschätzung. Lassen Sie keine Gelegenheit aus, Ihren Mitmenschen zu sagen, dass Sie sich für sie aufopfern. Nutzen Sie die Chance, Ihnen ständig vorzuhalten, was Sie schon alles für sie getan haben, wie wenig man Ihnen dankt und wie schamlos man Sie ausgenutzt hat. Mit etwas Glück schaffen Sie es, Ihr Selbstmitleid zu erhöhen und sich noch eine Spur elender zu fühlen. So können Sie andere gegen sich aufbringen und an guten Tagen sogar einen richtigen

Familienstreit entfachen. Vergessen Sie nicht zu sagen, dass nur Sie arbeiten und Leistungen erbringen. Dass alles, was die anderen tun, völlig überbewertet wird. Außerdem steht Ihnen immer am meisten zu. Warum? Sie müssen diese Frage nicht beantworten können. Wenn Sie jemand danach fragt, schauen Sie einfach weg. Es ist ja schon eine Unverschämtheit, Sie einfach anzusprechen, ohne einen Termin zu vereinbaren oder eine Audienz zu beantragen. Wer sind Sie denn, dass Sie ein jeder einfach so ansprechen darf, wenn es ihm passt? Vergessen Sie nie, Ihre Persönlichkeit groß zu unterstreichen und hervorzuheben, da diese nicht nur erwähnenswert, sondern schlichtweg phänomenal ist. Irgendwo steht geschrieben, dass es ein Wort mit drei Buchstaben gibt, das sehr wichtig wäre: WIR. Wer auch immer das geschrieben hat, er scheint unter Drogen gestanden zu sein. Es heißt natürlich: ICH.

Nun aber wieder mal ernsthaft: Viele Menschen können gar nicht wirklich glücklich sein, weil sie es gewohnt sind, in Selbstmitleid zu baden. Sie wollen unglücklich sein. Kaum zu glauben, aber es ist wahr. Wer immer etwas auszusetzen hat, stets jammert, kein gutes Haar an irgendetwas lässt, alles kritisiert und ständig alles verurteilt, kann mit Glück sicher nichts anfangen. Auch das Glück will bestimmt nicht bei so einem Menschen wohnen. Was sollte es bei ihm?

Dort, wo Dinge stehen, ist Schatten und die Sonne kann die Stelle nicht erhellen. Doch machen Sie sich bewusst: Es gibt nichts, was uns im Weg steht, außer wir selbst!

Das ständige Klagen nervt jeden. Niemand umgibt sich zudem gern mit Menschen, die beleidigend, verletzend und lieblos sind. Das versteht sich von selbst, dennoch tragen wir alle all diese Aspekte in uns. Wir lachen darüber, aber wir wissen genau, wo wir eventuell etwas verbessern oder ändern könnten. Auch fängt jedes negative Verhalten im Kleinen an – aber schon nur ein Fünkchen davon hält Freude und Glück verlässlich fern. Tipps, wie Sie es mühelos schaffen, dem Glück auszuweichen, sind nicht überflüssig. Sie sind durchaus wertvoll, wenn man sie zum Beispiel umkehrt und das Gegenteil tut. Vielleicht wird Ihnen das Glück dann in den Schoß fallen, um Ihr Verhalten zu würdigen.

Sei Gott gleich. Sein Wesen ist gebend. Dies bedeutet auch, zuerst auf andere zu sehen und erst dann auf sich. Dies nur ab und an ins Leben zu integrieren und umzusetzen, ist Gold wert.

Warten Sie nicht darauf, dass sich das Leben ändert, sondern ändern Sie Ihre Gewohnheiten, Sichtweisen, Annahmen, Meinungen, Vorstellungen, Wünsche, Pläne, Ideen – und schlussendlich Ihr ganzes Wesen.

Der Drang nach mehr

Dass ein *Mehr* glücklich macht, dieser Gedanke ist tief in uns verankert, und irgendwie scheint kaum jemand davon ausgenommen zu sein. Es mag sein, dass uns ein neuer Gegenstand, wie eine Couch, ein Auto oder ein Haus, Glücksgefühle bescheren. Es spricht auch nichts dagegen, diese Dinge zu benutzen und sich daran zu erfreuen. Zu einem Problem werden sie aber, wenn wir die Dinge besitzen wollen. Was ist, wenn sie plötzlich verschwinden? Wie fühlen wir uns dann? Welchen Einfluss hat das auf unser Wohlbefinden? Einen sehr großen! Das Auto kaputt, das Haus versteigert oder die Couch vom Hund zerfleddert – wie sieht es dann mit dem Glücksgefühl aus? Das, woran wir uns erfreut haben, ist verschwunden oder beschädigt. So wird das zerstörte Wohlgefühl von Ärger abgelöst und es kommt erst wieder zu uns, wenn das Auto oder das Haus durch ein neues ersetzt worden sind. Das scheint für uns durchaus normal zu sein, doch ein Leben, in dem wir emotional von den Umständen abhängig sind, ist äußerst riskant und nicht zu unterschätzen.

Den Drang, ständig mehr haben zu müssen, kennen wir alle. Manchmal setzt er sich durch und wird richtig stark, während er sich ab und an im Schlummermodus befindet. Doch wenn sich der Drang zu Wort meldet, sind wir kaum noch zu retten. Dann geht es los. Wir laufen von einem Geschäft zum anderen, und kein Kleidungsstück ist vor uns sicher. Schuhe, Handtaschen, Dekorationsgegenstände und allerlei Firlefanz, es gibt immer etwas, das man mitnehmen kann. Zu Hause angekommen packen wir die neuen schönen Errungenschaften freudvoll aus. Vielleicht bemerken wir schon in diesem Moment, dass wir all diese Dinge eigentlich gar nicht brauchen. Spätestens ein paar Wochen danach haben sich der neue Kerzenständer, die neue Vase oder der neue Gürtel bereits in unser Zuhause eingelebt, aber irgendwie fühlen sich diese Dinge auch schwer an. Geht es Ihnen auch so, dass Sie sich schon oft gefragt haben, warum Sie das eine oder andere Stück gekauft haben? Dass es Sie regelrecht nervt, dass Sie so viel Gerümpel herumstehen haben? Dass es kaum Raum gibt, um sich entfalten zu können? In eine vollgestopfte Wohnung geht nichts mehr hinein, in einen diskret eingerichteten Raum hingegen schon, er hat viel Platz. Wofür? Das ist eine gute Frage! Es geht nicht darum, den Platz mit Einrichtungsgegenständen und anderem zu füllen, sondern den Platz auszufüllen und zu erfüllen – und zwar mit unsichtbaren Dingen, die Ihnen echte, andauernde Glücksgefühle bescheren. Was es damit auf sich hat, darauf werden wir noch kommen ...

Nun sagen manche, es sei doch etwas Herrliches, sich mit schönen Dingen zu umgeben. Das stimmt. Aber haben wir davon nicht schon genug? Wenn Sie all die Dinge, die Sie eigentlich nicht brauchen, in den Garten stellen, würden Sie staunen, welche Menge hier zusammenkommt. Alles verteilt sich völlig unauffällig über viele Räume, und vielleicht fällt es deshalb nicht auf, dass wir so viel haben. Nehmen Sie nur Ihren Kleiderschrank als Beispiel. Macht er Ihnen Freude, wenn Sie ihn öffnen? Wenn Sie nun davorstehen und hineinsehen, denken Sie sich vielleicht, dass Sie wieder etwas Neues zum Anziehen brauchen könnten. Vielleicht denken Sie aber auch, dass Sie einiges ausmisten könnten. Genau genommen haben Sie wahrscheinlich mehr als die Hälfte das letzte Jahr nicht mehr angezogen. Es geht hier nicht um die Kleidung, es geht darum, ein Verhalten aufzudecken, das an ein Eichhörnchen erinnert. Eichhörnchen sammeln Nahrung für den Winter. Sie brauchen im Winter ebenfalls Kleidung, aber so viel, wie Sie zusammentragen, können Sie ja gar nicht auf einmal anziehen.

Das Sammeln und Horten zeigt uns etwas auf. Es spiegelt ein geistiges Verhalten wider. Auch zeigt es auf, dass wir uns insgesamt schwer von Dingen lösen können und ständig darauf erpicht sind, uns in Sicherheit zu wiegen und für schlechte Zeiten zu sparen. (Das Wort »Sicherheit« ist übrigens auch nur ein Wort, in Wirklichkeit existiert so etwas wie Sicherheit überhaupt nicht. Zumindest nicht so, wie wir es glauben. Nichts ist sicher – und nicht einmal das ist sicher.)

Was sammeln wir noch? Nun, Gedanken! Sie bestimmen über unser Leben. Gedanken formen unseren Alltag und sind viel mehr, als wir uns vorstellen können. Zufriedenheit zieht erst in unser inneres Haus ein, wenn wir leer sind. Wenn der Kopf leer ist, steht das Glück auf der Matte. Wir können nicht nichts denken, und wir können Gedanken auch nicht nachhaltig verscheuchen oder wegzaubern. Sie werden auf alle Fälle wiederkommen, denn Gedanken sind hartnäckig. Aber was können wir tun? Wir können damit beginnen, ihnen keinen Raum mehr zu geben und sie ziehen zu lassen. Niemand zwingt uns, sie festzuhalten. Gedanken sind keine Nüsse, die wir in Erdmulden legen müssen, um unser Überleben zu sichern. Wir müssen sie also nicht in unserem Kopf horten, sie nähren und ständig wiederbeleben. Wir sollten sie entlassen, wenn wir uns eine Veränderung wünschen, denn: Wer Gedanken loslässt, ist frei. Und wer frei ist, ist dem Glück ein riesengroßes Stück näher gekommen!

Auf was kann ich sofort verzichten – und zwar mit Leichtigkeit?

Auf was könnte ich verzichten, will es aber nicht?

Gäbe es eine Möglichkeit, sich trotzdem davon zu lösen? Gäbe es eine Alternative, die nicht belastend ist?

Wovon habe ich – natürlich ganz nüchtern betrachtet – zu viel?

Von welchen Gegenständen werde ich mich trennen? Was werde ich entsorgen?

Und nun zu mir: Welche Eigenschaften kann ich reduzieren?

Um welche Verhaltensweisen möchte ich mich erweitern? Bevor ich diese Frage beantworte, mache ich mir bewusst, dass sich die Frage auf meine Mitmenschen bezieht. Wie kann ich das Leben anderer liebevoll mitgestalten und bereichern?

Was werde ich ab jetzt anders machen?

Wie kann ich immer wiederkehrende Gedanken überlisten?

Ich mache einen Plan:

- Jedes Mal, wenn mich ein Gedanke runterziehen will, denke ich an …

- Jedes Mal, wenn mich etwas belastet, singe ich ein Lied.
- Jedes Mal, wenn Gedanken stören, spreche ich ein Gebet.
- Jedes Mal, wenn Gedanken über mich herfallen, sage ich: »Jetzt nicht!«
- Jedes Mal, wenn mich Gedanken nicht loslassen, lenke ich meine Aufmerksamkeit auf meine Atmung.
- Jedes Mal, wenn ich zu viel denke, gehe ich in die Natur.
- Jedes Mal, wenn Gedanken zur Belastung werden, male ich etwas.
- Jedes Mal, wenn ich das Nachdenken nicht sein lassen kann, greife ich zu einem guten Buch und lese darin.

Meine Ideen:

Hochmut kommt vor dem Fall – und hält das Glück verlässlich fern

Pfeifen Sie auf den Erfolg!
Kümmern Sie sich um sich selbst.

Nehmen Sie sich eine Auszeit von Ihren Wünschen, Zielen, Interpretationen, Vorstellungen und Ideen. Versuchen Sie einfach, nichts Besonderes zu sein oder zu erreichen. Freuen Sie sich daran, so zu sein, wie Sie sind. Sie müssen nichts können und nicht noch mehr wissen als alle anderen. Wohin hat Sie Ihr Wissen gebracht? Hat es Sie glücklich gemacht?

Es ist eine Krankheit, immer besser sein zu müssen und sich ständig über andere zu stellen. Warum müssen wir uns ständig über unsere Mitmenschen stellen? Warum stellen wir sie andauernd infrage, nehmen sie nicht richtig ernst und glauben zu wissen, was gut für sie ist? Was wissen wir schon? Wir wissen gar nichts. Und schon gar nicht können wir wissen, was für einen anderen Menschen gut oder richtig ist. Wir können zwar sagen, was der andere aus unserer Sicht heraus hätte anders machen können. Doch ... Hätte er das nicht ohnehin getan, wenn es ihm möglich gewesen wäre? Zudem: Er ist ja nicht wir. Und vielleicht hat er für sich eine viel bessere Lösung gefunden.

Denken wir daran, *unser* Leben zu leben und uns nicht ständig um andere zu kümmern – auch das trägt dazu bei, ausgeglichener, zufriedener und glücklicher zu sein. Es macht nicht wirklich glücklich, andere Menschen immer in den Schatten zu stellen, schlecht über sie zu sprechen und sie zu bemängeln. Der Mensch freut sich deswegen an seiner Kritik, weil er mit diesem Verhalten von sich selbst ablenkt. Er erhebt sich über den anderen, um seine Schwächen zu vertuschen und sie unter den Teppich zu kehren. Angriff ist die beste Verteidigung, wer kennt das nicht. Doch macht uns das glücklich? Eher nicht.

Wie gehen Sie mit Ihren Mitmenschen um? Wie behandeln Sie Ihre Kinder, Ihren Partner, Ihre Mitarbeiter, Angestellten, Bekannten oder Nachbarn? Es ist uns gar nicht bewusst, dass wir den anderen nicht respektieren. Respekt bedeutet nicht, ihn gut zu behandeln, ihn zu achten und nett zu ihm zu sein. Es bedeutet vielmehr Folgendes: sich **nicht** in sein Leben einzumischen, ihn sein zu lassen, wie er ist – und ihn genau so zu schätzen und zu lieben. Wir mischen uns in das Leben von anderen ein – und zwar mit dem Vorwand, sie zu lieben. Aber mit Liebe hat das nichts zu tun. (Doch unter dem Deckmantel der Liebe wurden ja sogar Kriege geführt ...) Sich nicht einzumischen, ist die größte Kunst im Leben. Wer dies lebt, dessen Leben wird wahrlich glücklich sein.

Wir wollen immer alles anders haben. Besonders die Menschen. Warum wollen wir sie ändern? Warum müssen wir ständig alles kritisieren? Können wir sie nicht einfach so lassen, wie sie sind? Es gibt da einen wunderbaren Spruch, der lautet: »Nimm die Menschen, wie sie sind, es gibt keine besseren.« Das Lustige daran ist, dass wir noch nicht durchschaut haben, dass die Menschen nie wirklich so sind, wie wir sie sehen und erleben. Warum sonst ist es möglich, dass jeder jeden Menschen anders erleben kann?

Wir erleben nur ***unsere*** *Interpretation,*
nicht *den Menschen.*

Lassen Sie diesen Satz auf sich wirken und schreiben Sie danach ein paar Impulse, die Sie innerlich bewegt haben, nieder. Auch Gedanken dazu sind willkommen. Egal ob einleuchtend oder ablehnend, halten Sie sie fest.

Wer sagt, dass die Welt so sein muss, wie wir sie uns vorstellen? Unsere Vorstellungen sind sehr begrenzt. Es sind nur Gedanken, nichts außer Hirngespinsten. Krankhafte Gedanken erheben sich tagtäglich in Milliarden von Köpfen, und diese richten einen verheerenden Schaden an. Wir sind uns natürlich nicht bewusst, dass wir mit unseren Gedanken Umweltverschmutzung betreiben. Aber machen wir uns doch einmal bewusst: Die Umwelt, unser Umfeld ist ja das, was wir denken. Wäre uns das bewusst, würden wir achtsamer mit unserem Gedankengut umgehen.

Wir wissen viel, aber das zu realisieren, davon sind wir weit entfernt. Doch das ist es, worum es schlussendlich geht: gelebte Spiritualität. Menschlichkeit ist Spiritualität. Spiritualität ist Menschlichkeit. Und Menschlichkeit beginnt damit, unsere natürlichen Wesenszüge wieder nach außen zu kehren. Nicht durch Klatsch und Tratsch und Kritik, sondern mit einem aufrichtigen und verantwortungsvollen Verhalten der Welt und all ihrem Leben gegenüber.

Dieses Kapitel sollten Sie etwas auf sich wirken lassen, bevor Sie weiterlesen und zum nächsten übergehen. Wenn Sie möchten, lesen Sie es noch einmal oder mehrmals durch. So wie wir die Welt erleben, so ist sie nicht. Wir haben einen Standpunkt bezogen, den das Ego nur ungern verlässt. Es ist auch nicht angenehm, auf seine Schwächen aufmerksam gemacht zu werden. Dies hier soll aber kein mahnender Zeigefinger sein, sondern eine liebenswerte Erinnerung. Wir haben es schlichtweg vergessen, menschlich zu sein, und somit haben wir auch vergessen, was Glück bedeutet.

Vielleicht stimmen Sie gewisse Einsichten traurig. Bestimmt sind sie ernüchternd, aber auch sehr heilsam. Vergessen Sie nie, dass uns das alle betrifft. Kein Mensch ist besser oder schlechter und keiner weiß mehr. Wir alle sind dazu aufgefordert, unsere Lieblosigkeit aufzudecken. Vielleicht verstehen Sie jetzt, warum ich weiter oben von äußeren Ablenkungen gesprochen habe. Vielleicht sollten wir den Fernseher einmal abschalten und uns mit unseren Schwächen beschäftigen. Wir können diese Schwächen jederzeit in Stärken umwandeln. Es geht nicht darum, sie zu analysieren und nach Lösungen zu suchen, uns schlecht zu machen und schuldig zu fühlen, sondern uns realistisch zu betrachten. Es sind, wie ich an anderer Stelle schon erwähnt habe, Eigenschaften, die ja nicht wir selbst sind, sie haften uns nur an. Wir hatten sie bei der Geburt noch nicht, haben sie uns aber im Laufe der Zeit, aufgrund unserer Prägungen und unserer Erziehung, angeeignet. Doch alles, was wir uns angeeignet haben, können wir auch wieder loslassen. Dies geschieht nicht von heute auf morgen, weil gewisse Neigungen sehr stark ausgeprägt sind. Aber es ist die Einsicht, die wegweisend ist. Es geht darum zu erkennen, wo wir stehen – und mit diesen Erkenntnissen herauszufinden, wer wir sind. Hinterfragen wir das, was wir als Realität erachten, und glauben wir nicht alles, was unser Verstand uns einreden und weismachen will. Vertrauen wir mehr auf unser

Gefühl, auf unsere Intuition und auf unsere Empfindungen. Wir sind so viel mehr, als Gedanken uns einreden wollen.

Selbsterforschung ist kein Spaziergang. Es ist ein Weg, der uns zu uns selbst zurückführt – und zwar zu dem, was wir seit jeher sind. Es braucht viel Geduld und Vertrauen. Wenn Ihnen das fehlt, erinnern Sie sich an Ihre Quelle.

Meine Gefühle dazu:

Meine Gedanken dazu:

Meine Einsichten dazu:

Der Verstand ist ein mieser Verräter

Freuen wir uns über das, was uns das Leben schenkt, und freuen wir uns über das, was uns das Leben nicht schenkt.

Das, was wir sehen, ist für uns Wirklichkeit. Auf einer tieferen Ebene ist es lediglich eine Spiegelung im Bewusstsein, also unwirklich. Das Leben erscheint, es ist nicht. Nun können wir mit unseren Sinnen die Realität nicht erfassen, dazu bedarf es anderer Werkzeuge. Wie können wir das bewerkstelligen? Und was sind nun die unsichtbaren Dinge, mit denen wir unser Leben ausfüllen sollten? Die Frage lässt sich nur schwer beantworten, weil die Antwort vom Verstand nicht erfasst werden kann.

Der Verstand ist da, um uns durchs Leben zu navigieren. Ein äußerst hilfreiches Werkzeug, wenn es darum geht, in der Welt die Stellung zu halten, denn ein Überleben wäre ohne den Verstand nicht möglich. Wir sollten ihn auch nicht als negativ hinstellen. Es reicht aus, ihn als das zu sehen, was er ist: ein Hilfsmittel. Wenn Sie eine Zeichnung anfertigen und einen Zirkel zur Hilfe nehmen, erfüllt dieser eine Aufgabe: Er formt einen Kreis. Nichts anderes wird von ihm erwartet. Der Verstand ist dazu da, um unsere Funktionalität zu bewahren. Warum also sollte er andere Aufgaben erfüllen, wie zum Beispiel unser Leben steuern?

Doch leider sieht es meist anders aus: Auch wenn der Kopf nur als Hilfsmittel gedacht ist, so hat er doch die Herrschaft über uns. Er dominiert. Er sagt uns, was wir zu tun und zu lassen haben und was richtig und falsch ist. Ihm können wir es kaum recht machen. Wenn wir etwas nicht machen, macht er uns Vorwürfe, warum wir es nicht getan haben. Wenn wir etwas machen, stellt er das infrage und unsere Entscheidung eventuell als falsch hin. Was auch immer wir tun, für unser Denken wird es immer ungenügend sein. Nehmen wir als Beispiel einen Umzug. Wir ziehen in eine neue Wohnung und fühlen uns dort nicht wohl. Der Verstand sagt: »Warum bist du bloß umgezogen? Wärst du doch in deiner alten Wohnung geblieben! Das hast du nun davon!« Der Gegenpol dazu: Wir haben die Chance des Umzugs nicht genutzt und sind in der alten Wohnung geblieben. Dort fühlen wir uns nicht mehr wohl und sind unglücklich. Nun wettert der Verstand: »Warum bist du nicht umgezogen? Das hast du nun davon!« Wie wir sehen, unterscheiden sich seine Argumente nicht. Ganz gleich, was wir tun, er hat immer etwas an uns auszusetzen. Er ist ein großer Nörgler.

Leider fühlen wir uns immer betroffen. Natürlich fühlen wir uns direkt angesprochen, zu wem sonst sollte er sprechen? Aber ... eigentlich spricht er zu niemandem. Gedanken sind still und leise. Oder? Unser Umfeld kann unsere Gedanken nicht hören. Eigenartigerweise können nur wir sie hören. Aber wie? Müssten sie demnach nicht laut sein? Haben Sie sich schon einmal Gedanken darüber gemacht, warum Sie Gedanken hören können? Es ist so, als ob in unserem Kopf jemand spreche. Das kann nur eine Einbildung sein, wirklich hören können wir ja nichts. Vielleicht ist es aber auch keine Einbildung und es gibt da noch etwas ganz anderes, mit dem wir hören können. Etwas in uns, DAS hört. Es gibt ja auch das große Unbekannte in uns, das innerlich sieht und fühlt. Das bleibt für das physische Auge ebenfalls unsichtbar.

Aus uns heraus können wir gar nichts wissen, was mit herkömmlichem Wissen zu tun hat. Jedoch gibt es ein Wissen, wozu es kein Denken braucht. Es ist für die menschliche Logik vollkommen unvorstellbar, dass Wissen ohne Verstand vorhanden sein oder funktionieren kann. Doch gewisse Dinge wissen wir einfach. Wir verstehen nicht, warum, aber wir wissen sie. Wenn uns jetzt jemand fragt, warum wir das wissen, können wir das nicht beantworten. Es gibt Momente im Leben, da spüren wir, wenn etwas nicht stimmt oder uns jemand belügt. Wir können es zwar nicht beweisen, aber wir wissen es. Dieses Wissen lässt sich nicht mit der Logik erklären, sondern mit einer Herzensintelligenz – und über diese Intelligenz verfügen wir alle. Es gibt da nämlich eine Intelligenz, die jegliches irdische Dasein überspringt, womit wir wieder beim Unsichtbaren wären. Es ist natürlich absoluter Unsinn, dass nur das existiert, was sich beweisen lässt. Gott lässt sich auch nicht beweisen. Gott sei Dank. Wozu auch? Wir sind ein Ausdruck seiner selbst.

Was sagt meine Herzensintelligenz zu sich selbst?

Glauben Sie, dass Ihr Verstand Sie im Griff hat?

Hinterfragen Sie ihn ab und an, oder vertrauen Sie ihm blind?

Wem geben Sie den Vorzug, wenn es um wirklich wichtige Entscheidungen geht?

- ☐ Dem Herz
- ☐ Dem Verstand
- ☐ Weiß nicht.

Können Sie sich vorstellen, Ihr Leben in die Hände Ihrer Herzensintelligenz zu legen, anstatt sich vom Kopf lenken zu lassen?

- ☐ Ja
- ☐ Nein
- ☐ Weiß nicht

Gibt es eine Situation in Ihrem Leben, in der Sie etwas anders hätten machen sollen? Wenn ja, beschreiben Sie diese kurz:

Schuldzuweisungen, Selbstvorwürfe, das berühmte Wenn und viele andere Programme quälen uns, wenn etwas aus den Fugen geraten ist oder nicht unseren Vorstellungen entspricht. Wenn das Wörtchen wenn nicht wäre ... ja, das stimmt allerdings. Dann wäre alles anders. Ist es aber nicht. Was auch immer wir getan haben oder tun werden, wir haben nie etwas falsch gemacht und werden es nie falsch machen können. Allerdings gilt das auch für das Gute. Wir haben auch nie etwas richtig gemacht. Warum? Weil es kein Falsch und kein Richtig gibt. Wie auch immer wir es machen, so soll es sein. Falsch und richtig sind Eigenschaften des Verstandes. Wir können etwas als gut oder schlecht *erachten*, was aber noch lange nicht bedeutet, dass es auch so *ist*. Es kann immer nur so sein, wie wir es sehen – und genauso wird es sich zeigen.

Erinnern Sie sich an dieser Stelle bitte noch einmal an eine Situation, die Ihrer Meinung nach anders, also besser hätte verlaufen können.

∘ ∘ ∘ ∘ ∘ ∘ ∘

Gehen Sie sie gedanklich noch einmal kurz durch – und dann lassen Sie sie los.

∘ ∘ ∘ ∘ ∘ ∘ ∘

Machen Sie sich jetzt bewusst, dass alles seine Richtigkeit hat und hatte. Sie konnten nicht anders handeln, sonst hätten Sie anders gehandelt. Wenn Sie jetzt etwas genauer hinschauen, bemerken Sie, dass nichts falsch gelaufen ist, sondern dass es sich lediglich anders zugetragen hat, als Sie es wollten. Das ist okay. Das Leben ist kein Wunschkonzert. Wenn Sie zum Beispiel eine Wohnung nicht bekommen haben, können Sie nicht sagen, dass etwas falschgelaufen ist. Sie haben sich die Wohnung vielleicht gewünscht, aber wer sagt, dass sie die richtige für Sie war? Sie denken vielleicht, dass etwas schiefgelaufen ist. »Warum habe ich die Wohnung nicht bekommen?« Warum sollten Sie sie bekommen? Steht das irgendwo geschrieben? Wenn Sie nicht für sie bestimmt war, ist es auch gut, dass es nicht geklappt hat. Das will Ihr Verstand natürlich nicht hören und schon gar nicht das Ego. Sie haben sich schon in allen Details ausgemalt, wie Sie die Wohnung einrichten und sich bereits darin herumspazieren gesehen. Das mag sein, doch es war Ihre *Vorstellung*. Warum müssen wir uns immer etwas vorstellen? Vielleicht sollten wir das sein lassen und stattdessen das freudvoll annehmen, was uns das Leben gibt.

Freuen wir uns über das, was uns das Leben schenkt ,und freuen wir uns über das, was uns das Leben nicht schenkt.

Wer das lebt, wird sich vor lauter Glückseligkeit nicht mehr retten können.

Zur Vertiefung: Fragen zum Nachdenken und Wissenswertes

Auf der Suche nach der Lebensfreude

Lebensfreude. Es gibt wohl kaum jemanden, der sie sich nicht wünscht, und es gibt viele Anleitungen, um mehr Freude im Leben zu erfahren. Doch Anleitungen müssen umgesetzt werden, damit sie funktionieren. Schön und gut, das schaffen Sie. Aber reicht das Umsetzen aus? Ist es möglich, bewusst Lebensfreude herbeizuführen? Sind Freude und Glück nicht auch Schicksal oder Zufall? Gibt es Zufälle überhaupt? Nein? Und wenn es keine Zufälle gibt, inwieweit können wir unsere Lebensqualität eigentlich bewusst beeinflussen?

Bei der Umfrage eines Meinungsforschungsinstitutes wurde ermittelt, worin für Menschen der Sinn des Lebens liegt. 62 Prozent meinten: glücklich zu sein und Spaß zu haben. Das mag etwas oberflächlich klingen, ist psychologisch gesehen aber legitim und verständlich. Sobald wir mit der Suche beginnen, heißt das Ziel »Lebensfreude und Glück«. Trotzdem unterscheiden sich Befindlichkeiten und

Empfindungen stark voneinander, das heißt: Auch wenn die Mehrheit dasselbe will, kann sie darunter etwas ganz anderes verstehen. Was für den einen Glück bedeutet, kann für den anderen eine Katastrophe sein. Es ist interessant, dass wir alle anders ticken und andere Ziele anstreben. Doch so verschieden Wünsche und Vorstellungen auch sind, die Mehrheit der Menschen findet Zufriedenheit nicht in ausgefallenen und exotischen, sondern in ganz profanen und elementaren Wünschen.

Was bedeutet für Sie Spaß oder Lebensfreude?

Wie wichtig sind Ihnen folgende Punkte:

(Vergeben Sie auf einer Skala von 1-5 die Punkte, die Sie für wichtig halten, wobei 1 gar nicht wichtig und 5 sehr wichtig bedeutet.)

Gebraucht zu werden

☐ 1 ☐ 2 ☐ 3 ☐ 4 ☐ 5

Geschätzt zu werden

☐ 1 ☐ 2 ☐ 3 ☐ 4 ☐ 5

Das Gefühl, etwas Wertvolles zu leisten

☐ 1 ☐ 2 ☐ 3 ☐ 4 ☐ 5

Freisein von Belastungen

☐ 1 ☐ 2 ☐ 3 ☐ 4 ☐ 5

Ein sicherer Arbeitsplatz

☐ 1 ☐ 2 ☐ 3 ☐ 4 ☐ 5

Eine gefestigte Beziehung

☐ 1 ☐ 2 ☐ 3 ☐ 4 ☐ 5

Weiterbildung

☐ 1 ☐ 2 ☐ 3 ☐ 4 ☐ 5

Gesundheit

☐ 1 ☐ 2 ☐ 3 ☐ 4 ☐ 5

Selbstvertrauen

☐ 1 ☐ 2 ☐ 3 ☐ 4 ☐ 5

Frei sein von Schuldgefühlen

☐ 1 ☐ 2 ☐ 3 ☐ 4 ☐ 5

Harmonische Lebensumstände

☐ 1 ☐ 2 ☐ 3 ☐ 4 ☐ 5

Guter Schlaf

☐ 1 ☐ 2 ☐ 3 ☐ 4 ☐ 5

Entspannte Familienverhältnisse

☐ 1 ☐ 2 ☐ 3 ☐ 4 ☐ 5

Ein geregeltes Einkommen

☐ 1 ☐ 2 ☐ 3 ☐ 4 ☐ 5

Gute Freunde

☐ 1 ☐ 2 ☐ 3 ☐ 4 ☐ 5

Das A und O für ein sorgenloses Dasein ist für mich (versuchen Sie, sich auf 7 Punkte zu beschränken):

Welche Farben trägt meine Seele? Greifen Sie zu bunten Stiften und legen Sie los:

Wie sieht für Sie Lebensfreude aus?

5 Begriffe, in denen meine Lebensfreude wohnt:

Glück hat für mich folgende Farben:

Ergänzen Sie folgende Sätze ganz spontan und ohne zu zögern:

Früher war ich glücklicher, weil ich

Glück bedeutet für mich, dass ich

Ich bin glücklich, wenn ich

Nachtrag

Wenn Sie sich jetzt Ihre Antworten und Farben aus den Aufzeichnungen aus dem letzten Kapitel noch einmal ansehen, können Sie vielleicht ein paar neue Wesenszüge an sich entdecken. Sind Sie überrascht? Denn mal ehrlich ... Wir glauben, uns zu kennen, aber im Grunde kennen wir nur Meinungen. Uns selbst kennen wir meist nicht, da wir aus uns heraus ja über keine Eigenschaften verfügen. Das alles hat sich mit der Zeit zu uns dazugesellt. Es sind sozusagen Ergänzungen, die sich an uns drangehängt haben. Nichts weiter als Gedanken, aber gewiss keine realen Züge.

Was Realität ist, diese Frage sollten wir uns stellen. Was denken Sie? Kann man Realität überhaupt kennen?

Diese Frage möchte ich an dieser Stelle offenlassen, damit Sie sie erforschen und ganz nebenbei sich selbst kennenlernen können. Es ist ein tägliches In-sich-hinein-Sehen, das uns nach und nach zeigt, was wir uns mit der Zeit angeeignet haben. Von Geburt an waren wir rein. Diese »Verunreinigungen« sind also nicht angeboren, und somit können wir sie loslassen und uns von ihnen befreien. Der erste Schritt dazu ist Offenheit: Jede Reaktion darf sein, wenn wir uns nicht mit ihr identifizieren und nicht in ihr stecken bleiben. Alles, was geflogen kommt, seien es Gedanken oder Gefühle, Reaktionen oder Meinungen, fliegt unverzüglich und ohne Zwischenstopp weiter. Wir sind kein Flughafen für all dieses Gerümpel. Denken Sie stets daran, nichts zu horten, weder Güter noch Gedankengut. Wenn Sie dann noch frei von Wünschen sind, ist Ihnen das Glück ganz bestimmt hold. Es fühlt sich dort wohl, wo es keine Unruhe, keinen Lärm, keine Anhaftungen, Bindungen und kein Dagegensteuern mehr gibt. Also lassen Sie los und gehen Sie gedankenstill dem Leben entgegen. Und zwar mit weit geöffnetem Herzen, voller Vertrauen und Zuversicht.

Auf der Suche nach dem Glück

Ich richte nun einige Fragen an Sie, die Sie auf sich wirken lassen sollten. Versuchen Sie nicht, die Fragen zu beantworten. Denken Sie nicht darüber nach. Das mag anfangs etwas eigenwillig erscheinen, da wir es gewohnt sind, jeder Frage sofort eine Antwort hinzuzufügen. Doch hier läuft es ein wenig anders. Es geht darum, die Frage vollkommen in sich aufzunehmen und zu beobachten, was sie emotional mit uns macht. Was bewegt sich innerlich? Entstehen Widerstände, erfolgen Reaktionen oder wird es still? Es geht also nicht darum, intelligent zu sein und die beste Antwort »zu wissen«. Dies ist kein Egospiel. Die Frage sollte eine Tür öffnen, etwas bewegen und einen Zugang aufstoßen, der bisher verschlossen blieb. Das Denken darf jetzt pausieren.

Bevor Sie sich nun auf einen Stuhl setzen und es sich bequem machen, holen Sie sich einen Stift. Suchen Sie sich möglichst einen Ort, wo Sie wenig Ablenkung von außen erfahren. Wenn Sie möchten, hören Sie beruhigende und harmonische Musik oder zünden Sie sich eine Kerze an.

Legen Sie den Stift und das aufgeschlagene Buch zur Seite, so dass Sie jederzeit einen Blick auf die Fragen werfen können, oder lassen Sie es auf Ihren Oberschenkeln liegen. Sie können es auch in Ihren Händen halten, wenn das für Sie angenehmer ist. Finden Sie Ihre ganz persönliche Haltung, die nicht starr und angestrengt ist, sondern entspannend und frei. Halten Sie den Oberkörper aufrecht und schließen Sie die Augen. Atmen Sie einige Augenblicke tief ein und aus und konzentrieren Sie sich auf Ihren Atem. Es ist gut, die Aufmerksamkeit bei der Atmung zu lassen, damit der Verstand nicht zu weit abschweifen kann.

Nach wenigen Minuten der Entspannung öffnen Sie die Augen, wenn Sie das Gefühl haben, sich dieser Aufgabe stellen zu können. Lesen Sie die erste Frage drei Mal laut durch und schließen Sie danach wieder Ihre Augen, um die Frage einige Minuten auf sich wirken zu lassen. Achten Sie auf die Wirkung, auf das, was die Frage in Ihnen auslöst ... Sie müssen keine Antwort im engeren Sinne finden.

Frage 1:

Woher kommen meine Gedanken? Wo ist ihr Ursprung?

---------- PAUSE ----------

---------- PAUSE ----------

---------- PAUSE ----------

Wenn Sie jetzt die Augen wieder geöffnet haben, greifen Sie zum Stift und versuchen Sie, auch jetzt nicht nachzudenken. Schreiben Sie das nieder, was sich in Ihnen aufgetan hat. Schreiben Sie auch das auf, was Ihnen unwichtig erscheint. Es geht hier darum, Emotionen auszudrücken und sich selbst näher kennenzulernen. So können Sie später einiges über sich selbst erfahren und gewisse Zusammenhänge eruieren, die sogar eingeprägte Verhaltensformen und alte Sichtweisen entschlüsseln können.

Nun nehmen Sie wieder eine angenehme Sitzposition ein, atmen ein paar Mal bewusst ein und aus und schließen wieder die Augen, um folgende Frage – die Sie wieder drei Mal laut aussprechen – einige Zeit auf sich wirken zu lassen:

Frage 2:

Was habe ich mit meiner Persönlichkeit zu tun?

————— PAUSE —————

————— PAUSE —————

————— PAUSE —————

Wenn Sie die Augen wieder geöffnet haben, schreiben Sie auf, was Sie bei dieser Frage empfunden haben. Was hat sie in Ihnen bewegt? Hat sie in Ihnen etwas ausgelöst? Hat Sie die Frage unsicher gemacht oder beruhigt?

Alles ist möglich. Halten Sie alle Ihre Empfindungen fest und versuchen Sie, wieder so detailliert wie möglich zu sein:

Und schon kommen wir zur nächsten Frage. Vergessen Sie bitte nicht, dass Sie die Fragen nicht beantworten sollen. Sollte Ihr Verstand dies versuchen, richten Sie Ihre Aufmerksamkeit wieder auf Ihren Atem und lassen Sie etwaige Gedankengänge unbeeindruckt vorüberziehen. Die Frage bitte wieder drei Mal laut lesen:

Frage 3:

Warum kann ich mich nicht an das erinnern, was morgen ist?

--------- PAUSE ---------

--------- PAUSE ---------

--------- PAUSE ---------

Schreiben Sie nun bitte wieder Ihre unterschiedlichen Empfindungen auf:

Sind Sie bereit für die vierte Frage? Fahren Sie fort wie bisher:

Frage 4:

Gibt es ein Leben vor dem Tod?

——————— PAUSE ———————

——————— PAUSE ———————

——————— PAUSE ———————

Und was haben Sie dieses Mal gefühlt? Was hat die Frage bei Ihnen ausgelöst?

Lassen Sie uns zur Frage 5 übergehen, die Sie wieder drei Mal laut lesen:

Frage 5:

Die Gegenwart ist das Produkt der Vergangenheit, Zukunft hat es nie wirklich gegeben. Wie erlebe ich die Zeit, die ich als meine betrachte?

--------- PAUSE ---------

--------- PAUSE ---------

--------- PAUSE ---------

Meine Impulse dazu:

Und jetzt dürfen Sie Ihren Verstand wieder einschalten und folgende Frage beantworten, wie Sie es gewohnt sind. Diese Frage ist wahrlich bekannt, doch Sie werden sie nach den vorhergehenden Fragen, die Sie sich nicht beantwortet haben, etwas anders empfinden ...

Frage 6:

Was würden Sie heute noch tun, wenn sie morgen in der Früh nicht mehr aufwachen würden?

Alles, was wir kennen und wissen, wiegt uns in Sicherheit. Der Verstand ist es gewohnt, immer auf Nummer sicher zu gehen. Er lässt sich nur ungern auf etwas ein, das ihm fremd ist. Das hat damit zu tun, dass sein Mitspieler, das Ich, verunsichert ist. Es brüstet sich gerne mit dem, was es weiß, und versucht, Unwissenheit elegant auszuweichen. Es will ja nicht als dumm hingestellt werden oder als einfältig. Dass uns solche Fragen verunsichern, ist völlig normal.

Doch die Beantwortung sowie die Fragen liegen bereits in der Vergangenheit. Widmen wir uns also wieder dem Jetzt. Die Fragen werden nachklingen und die Auseinandersetzung damit ebenfalls. Sie werden staunen, welche Nachwirkungen sich hier noch einstellen werden!

Der Verstand sucht nach Glück
und hat gewisse Vorstellungen, wie es aussehen soll.
Dabei hat er keine Ahnung, was wahres Glück bedeutet.

Resümee

Mich haben die Fragen eher genervt:

Mich haben die Fragen verunsichert:

Ich fand das Experiment spannend:

Ich habe etwas mehr über mich erfahren:

Ich habe mich völlig neu erlebt:

Sie dürfen und sollten immer absolut ehrlich sein. Es spielt überhaupt keine Rolle, was Sie schreiben und was Sie denken. Der Einzige, den es stört, ist Ihr Ich – und das gilt es, infrage zu stellen. Das Einzige, was zählt, ist Aufrichtigkeit. Da Sie ohnehin keinen Einfluss auf Ihre Gedanken und Gefühle haben, was spielt es da für eine Rolle, wie Sie denken und fühlen? Meditieren Sie darüber, bevor Sie mit den letzten beiden Denkanstößen aus diesem Kapitel aussteigen. (Aussteigen können Sie übrigens auch jederzeit aus alten Verhaltens- und Denkmustern, denn Gewohnheiten sind da, um gebrochen zu werden. So, wie Sie sind, sind Sie gut. Erlauben Sie sich jederzeit, so zu sein, wie Sie sind – auch das wird Sie dem Glück etwas näherbringen!)

A) *Ich bin frustriert und traurig und möchte dem Leben jetzt meine Meinung sagen:*

B) *Ich bin fröhlich und guter Dinge, ich möchte dem Leben jetzt danke sagen:*

Der Feinschliff – dem Hochgefühl auf die Sprünge helfen

Während wir uns dem Glück annähern, weil wir stiller, geduldiger und gelassener werden, können wir unserem Glücksgefühl trotzdem noch etwas unter die Arme greifen. Wissenschaftler haben herausgefunden, dass folgende Dinge unseren Körper oder unsere Psyche ganz schön glücklich machen:

Glückshormone werden durch **Bewegung** freigesetzt. In der Natur gelingt das am besten. Laufen hilft bei depressiven Verstimmungen genauso gut wie eine Psychotherapie, sagt die Wissenschaft. Wer den Kopf frei haben möchte, begibt sich daher am besten in den Wald, um dort aufzutanken.

Fazit: Jeder weiß, dass die Natur ein Allheilmittel ist. Doch dieses Wissen ist absolut wertlos, wenn es nicht angewandt wird!

Ebenfalls verantwortlich für Glückshormone ist – ob Sie es glauben oder nicht – **Spinat**. Ja, Sie haben richtig gelesen! Spinat sollte man Medikamenten mit ihren Nebenwirkungen vorziehen, wenn man unter Depressionen leidet, das haben US-Forscher entdeckt. Die Folsäure ist für die glücksfördernde Wirkung verantwortlich, und Spinat enthält sehr viel davon. Fast alle Menschen haben einen Folsäuremangel, dadurch lässt im Körper die Produktion des Glückshormons Serotonin nach und der Mensch wird traurig. Doch nur ein Teller Spinat hat bei depressiven Menschen nachweislich dafür gesorgt, dass sich ihre Stimmungsschwankungen besserten.

Was lernen wir daraus? Etwas mehr vom Feld und etwas weniger aus der Dose – das bedeutet ein Stück mehr vom Glück.

Zärtlichkeit ist etwas, das uns glücklich und zufrieden macht. Es entspannt uns und tut unserer Seele gut, Küssen und ein ausgewogenes Sexualleben wirken sich unweigerlich auf die Gesundheit aus und stärken das Wohlbefinden. Hormonforscher erklären dies wie folgt: Der körperliche Austausch sorgt für einen optimalen Östrogenspiegel. Das Depressionsrisiko sinkt und wir fühlen uns besser. Eigenartigerweise kann man auch Erfolg damit in Verbindung bringen.

Zusammengefasst kann man sagen, dass wir nicht vergessen sollten, mit Zweisamkeit das physische und psychische Befinden zu verbessern und zu stärken.

Der viel umstrittene **Morgenkaffee** ist nicht ganz so schlimm, wie man uns einreden will. Viele Studien belegen, dass uns Kaffee schadet und der Kaffeegenuss eine schlechte Angewohnheit ist, die wir uns abgewöhnen sollten. Ob gesund oder ungesund, ein Kaffee kann trotzdem zu einem glücklichen Start in den Tag beitragen. Denn diese Menge reicht vollkommen aus, um in Schwung zu kommen. Der morgendliche Kaffee ist zudem ein Ritual, das uns Sicherheit, Stabilität und Vertrautheit schenkt.

Fazit: Eine Tasse Kaffee hat noch niemandem geschadet! Gesund zu leben kann auch zu einem Dogma werden und uns eher schaden als guttun. Alles, was wir verbissen und nach strikten Regeln ausführen, kann nicht wirklich hilfreich sein. Wir sollten ein gesundes Mittelmaß finden, um immer das zu uns zu nehmen, wonach uns gerade ist. Ihr Körper weiß ganz genau, was er braucht. Hören Sie auf ihn! Es müssen ja nicht zehn Tassen Kaffee am Tag sein, denn schon bei mehr als vier Tassen kippt der Koffeineffekt ins Negative und statt guter Laune können Nervosität, Magenprobleme und Schlafstörungen die Folgen sein.

Wussten Sie, dass **Nüsse** wahre Muntermacher sind? Es ist tatsächlich so, dass speziell Paranüsse ein schnell wirkendes Mittel gegen Traurigkeit sind. Es gibt viele Ursachen für seelische Verstimmungen, aber eine davon ist ein Mangel am Spurenelement Selen. Hier haben Forscher nachgewiesen, dass das Aufstocken des Selenvorrats deprimierte Menschen wesentlich glücklicher macht – und das gelingt schon mit einer Paranuss, die den täglichen Bedarf an Selen deckt.[1]

Kleiner Tipp: Warum nicht einmal die einfachen Dinge für sich ausprobieren, anstatt nach spektakulären Hilfsmitteln Ausschau zu halten? Warum in die Ferne schweifen, wenn das Gute so nah liegt? Wir glauben immer, dass wir etwas Besonderes finden müssten, damit sich unser Gesamtzustand ändert. Dies ist ein Irrglaube. Es sind die Kleinigkeiten im Leben, die wertvoll sind. Doch nur wer sie sieht und offen für sie ist, kann sie auch für sich nutzen.

Glücksgarant? Ein Trauschein ist bestimmt keine Garantie für Glück, aber es gibt nachweislich mehr depressive Singles als **Ehepartner**. In einer Studie hat man festgestellt, dass verheiratete Menschen in 80 Prozent aller Fälle glück-

1) Auf eines sollten Sie allerdings achten beim Kauf von Paranüssen: Paranüsse gehören zu den Lebensmitteln, die häufig mit Schimmelpilzgiften belastet sind, besonders oft kommt dies zum Beispiel bei Paranüssen aus Brasilien vor. Achten Sie daher beim Kauf auf kontrollierte Qualität.

licher sind. Ebenfalls kaum zu glauben: Verheiratete Männer leben im Schnitt zehn Jahre länger als Junggesellen. Doch dafür gibt es eine einleuchtende Erklärung: Verheiratete Männer werden besser umsorgt und leben somit gesünder. Sie müssen ja nicht gleich heiraten, vielleicht können Sie sich auch als Single ein bewussteres und gesünderes Leben einrichten.

Fakt ist aber: Der Partner vermittelt Sicherheit und ein Gefühl von Aufgehobensein, auch wenn die Ehe nicht immer rosarot ist. Sie suggeriert Stabilität, und das ist es, was den Menschen ein Fundament, eine sichere Basis gibt. Auch wenn wir schlussendlich immer auf uns allein gestellt sind, wird ein gemeinsamer Alltag als freudvoller empfunden. Schmerz und Freude zu teilen ist etwas Wunderbares, und wenn man auch noch gemeinsam an seinen Schwächen reift und über persönliche Machtspiele hinausgehen kann, kann man schon von Glück sprechen.

Kreativität setzt im Körper Beta-Endorphine frei. Nicht umsonst erleben wir Menschen, die einer kreativen Betätigung nachgehen, als ausgelassener, fröhlicher und glücklicher. Eine Studie der Universität Texas besagt, dass eine Stunde täglich, die wir mit kreativem Tun füllen, Glücksgefühle auszulösen vermag. Besonders das Malen scheint etwas Magisches an sich zu haben. Der Boom, der sich die letzten Jahre bei Malbüchern gezeigt hat, ist kein Zufall: Malen macht glücklich. Malen macht frei, und es ist ein guter Weg, um abzuschalten und sich nur sich selbst zu widmen. Man kann die Welt für eine Weile Welt sein lassen und den Augenblick zelebrieren.

Hinweis: Es gibt keine Menschen, die nicht kreativ sind. Wenn Sie denken, keinen Zugang zur Kreativität zu haben, erheben Sie Einspruch. Akzeptieren Sie nicht, dass Ihr Verstand Sie davon abhält, aktiv zu werden. Niemand zwingt Sie dazu, an diesem Irrglauben festzuhalten. Lassen Sie los. Kreativität hat nichts mit Können zu tun, sondern mit Tun. Wer sagt »ich kann nicht«, wird es auch nicht können. Das Können scheitert oft nur an unseren Rückziehern, daran, dass wir es erst gar nicht versuchen.

Glücksdroge **Innenwelt**. Einfach mal nichts zu tun, das kann auch ganz schön glücklich machen. Wir suchen Erfüllung meist in Tätigkeiten: Ein besonderes Ereignis, ein Urlaub, ein spektakuläres Hobby, ein ausgefallenes Essen, ein besonderes Fest oder spezielle Verrenkungen sollen dazu beitragen, dass es uns besser geht. Alles recht und schön, doch dies sind weitgehend Ablenkungen, und damit entfernen wir uns von uns selbst. Kurzfristig erfreuen wir uns daran. Aber was kommt danach?

Unter Nichtstun verstehe ich nicht, faul auf der Couch zu liegen und sich vom Fernsehprogramm berieseln zu lassen.

Nichts tun kann man auch während einer Tätigkeit und nicht nur beim Nichthandeln. Es ist ein nach innen Schauen, das uns in eine Gelassenheit führt, die nicht von dieser Welt ist.

Setzen Sie sich einmal auf einen Stuhl. Am besten ohne Ablenkung im Hintergrund, was bedeutet Computer, Telefon und Musik sollten Sie ausschalten, die Kinder sind im Idealfall außer Haus. Sitzen Sie für eine Stunde einfach so da und beobachten Sie Ihre Gedanken. Und mit Beobachten meine ich auch beobachten. Sie sollten nicht eine Stunde über Kochrezepte, über die Urlaubsplanung oder eine Problematik nachdenken, sondern einfach still sein. Wenn der Kopf lärmt, ziehen Sie Ihre Aufmerksamkeit von ihm ab. Werden Sie still, indem Sie Ihre Aufmerksamkeit auf eine Sache richten. Sehen Sie zum Beispiel aus dem Fenster und beobachten Sie die Vögel im Baum. Versuchen Sie, aufsteigenden Gedanken keinen Raum zu geben und sie einfach zu ignorieren. Versuchen Sie nicht, sie loszuwerden oder zu verscheuchen, sondern lassen Sie sie einfach wieder abziehen. Sie werden genauso verschwinden, wie sie gekommen sind, wenn Sie sich nicht weiter um sie kümmern. Wer sich schnell abgelenkt fühlt, schließt am besten die Augen, das kann sehr hilfreich sein.

Stellen Sie sich mal ein typisches Männergespräch vor: »Ich war am Wochenende Fallschirmspringen!« »Ich war beim Autorennen!« »Ich habe einen Gipfel erklommen!« Und Sie? »Ich habe auf einem Sessel gesessen.« Bei den

Frauen sieht es nicht anders aus: »Ich habe mir ein neues Kleid und neue Schuhe gekauft!« »Wir sind mit dem Boot gefahren und anschließend waren wir in einem tollen Restaurant!« »Ich war bei einer Kosmetik-Spezialbehandlung und habe mir gleich die neueste Antifaltencreme gekauft.« Und Sie? »Ich habe auf einem Sessel gesessen.« Würde man Sie auslachen? Würde man Sie als komisch einstufen? Und wie empfinden Sie das? Es spricht nichts dagegen, Dinge zu unternehmen oder zu kaufen und sich daran zu erfreuen, doch man muss auch wissen, wann es an der Zeit ist, sich sich selbst zuzuwenden. Das Leben ist kurz und jeder Augenblick ist kostbar. Wir sollten keinen einzigen vergeuden. Bereichern wir die Momente mit kostbarer Nahrung und nicht mit wertlosem Ballast, denn Glück kann man nicht kaufen. Unser Glück kann nicht darin liegen, Dinge zu kaufen oder andauernd Beschäftigungen nachzugehen. Es geht vielmehr darum, Bedürfnisse zu reduzieren. ***Bescheidenheit*** *wirkt sich ebenfalls sehr positiv auf das Gemüt aus.*

Wenn Sie bereits **Enkelkinder** haben, können Sie sich jetzt freuen, denn Großeltern fühlen sich wesentlich glücklicher als Senioren, die keine Enkelkinder haben. Wenn wir uns mit den Kindern beschäftigen und mit ihnen spielen, erhöht dies die geistige und körperliche Leistungsfähigkeit. Es besteht außerdem weniger die Gefahr, sich überflüssig zu fühlen, man fühlt sich gut – und ein positives Lebensgefühl fördert auch die Gesundheit. Somit sind Enkelkinder ein Jungbrunnen, der uns noch mehr dazu animiert, im Augenblick zu sein. Wir sind beschäftigt. Hartnäckigen negativen Gedanken und belastenden Gefühlsregungen kann somit entgegengewirkt werden. Enkelkinder erinnern uns auch an unsere eigene Kindheit, in der wir noch unbesorgt und fröhlich waren. Der frische Wind dient aber nicht nur der Erinnerung, sondern er lässt uns auch selbst wieder »Kinderluft« schnuppern. Oft sind Großeltern die größeren Kindsköpfe und noch verspielter als die Kinder selbst. Das schenkt Lebendigkeit!

Ich frage Sie: Wann sind Sie das letzte Mal singend durch die Straßen gehüpft? Wann haben Sie das letzte Mal vor Freude gejodelt oder laut gesungen? Wann haben Sie sich das letzte Mal stundenlang mit etwas auseinandergesetzt? Es müssen ja nicht unbedingt Bauklötze sein …! Die Zeit vergeht wie im Flug, und man merkt kaum, dass man in diesen Augenblicken einfach nur hier war. Es ist so, als ob die Welt aufgehört hat zu existieren. Und da diese nur in Ihrem Kopf stattfindet, ist es höchste Zeit – auch ohne Enkelkinder –, unbeschwert und spontan zu sein.

Was ist eigentlich eine Depression? Eine seelische Verstimmung? Ein inneres Tief? Eine Krankheit? Wer seine Seele und sein Innenleben vergessen hat, wird durch eine Depression daran erinnert, dass es auch etwas anderes gibt als die Außenwelt. Die innere Unruhe bedeutet, dass dem Menschen etwas fehlt. Seelische Stabilität kann man weder wollen noch erreichen. Sie stellt sich ein, wenn wir das Menschsein als Ganzes betrachten und uns nicht nur auf den Körper und das, was wir mit den Augen sehen, beziehen. Erschöpfung und Müdigkeit sind kein Wunder, wenn man die ganze Zeit dem Leben hinterherrennt. Auf körperlicher Ebene hilft **Johanniskraut** als sanftes Heilmittel gegen Ängste, Erschöpfung und depressive Stimmungen, und das fast ohne Nebenwirkungen. Eine Studie belegt, dass sich das Befinden der Menschen um bis zu 80 Prozent verbessert, wenn wir diese wunderbare Heilpflanze zu uns nehmen. Doch dabei sollten wir nicht vergessen, dass wir unserem Körper nicht nur von außen etwas Gutes zuführen müssen, sondern wir müssen uns auch um unser Innenleben kümmern.

*Fazit: **Geistige Nahrung** finden wir nicht in der Welt, sondern in uns selbst. Es gibt kein Allheilmittel gegen Depressionen. Was Ihnen guttut, können Sie nur für sich selbst herausfinden. Warum? Weil jedem Menschen etwas anderes guttut. Was einem anderen geholfen hat, kann für Sie völlig ungeeignet sein. So ist es im Übrigen auch recht schwierig, einen Lebensratgeber für die Allgemeinheit zu schreiben, da jeder Mensch auf etwas anderes positiv oder negativ reagiert. Es müsste also für jeden Menschen, und natürlich auch für Sie,* *ein eigenes Buch geben – aber das schreiben Sie am besten selbst. Ihre Seele und Ihr Körper sprechen zu Ihnen. Um sie zu hören, muss man innerlich still werden. Hören Sie nicht allzu sehr auf Ihren Verstand. Er weiß nur das, was Sie ihm zugeführt haben, und das ist nicht wirklich wesentlich. Wenn Sie mehr Glück als Verstand haben wollen, sollte Ihr Verstand Ihrem Glück nicht mehr im Weg stehen.*

Mein eigenes Glücksrezept:

Ein bisschen was
zum Lachen ...
... weil das immer noch am
glücklichsten macht

Der geizige Gartenbesitzer ärgert sich darüber, dass immer wieder Äpfel gestohlen werden. Clever wie er ist, stellt er zu den Nachbarn hin, die sehr gläubig sind, eine mahnende Tafel auf: »Gott sieht alles!« Am nächsten Tag überprüft er die Wirkung der Tafel, aber schon wieder sind einige Äpfel verschwunden; auf die Tafel hat jemand dazugeschrieben: »Aber er verrät niemanden.«

Ein gläubiger Bursche hat einen großen Traum. Einmal möchte er im Lotto gewinnen, und um dieses Ziel zu erreichen, verbringt er täglich 15 Minuten in aufrichtigem Gebet: »Herr, bitte, bitte erfülle mir doch meinen aufrichtigen Wunsch, lass mich bitte im Lotto gewinnen.« Dieses Gebet begleitet ihn fortan durch sein Leben. Er heiratet, gründet eine große Familie, wird Großvater, aber das tägliche Gebet bleibt gleich: »Herr, bitte, bitte erfülle mir doch meinen aufrichtigen Wunsch, lass mich bitte im Lotto gewinnen.« An seinem Lebensabend, als er wieder einmal in sein Gebet vertieft ist, wird es plötzlich ganz hell und der Herr, der Allmächtige, erscheint vor ihm. »Mein Sohn, nach all deinen Jahren des intensiven Gebetes bin ich mit dir zufrieden und ich möchte dir deinen Wunsch erfüllen. Davor hätte ich eine kleine Bitte: Könntest du dir ein Los kaufen?!«

Ich lache, wenn ich daran denke, wie ich mir einmal das Paradies als ein Reich außerhalb der Welt, in die wir hineingeboren wurden, vorstellte. Genau in dieser Welt von Geburt und Tod wird die wundersame Wahrheit offenbart. Aber es ist nicht das Lachen von jemandem, der plötzlich ein großes Vermögen gewonnen hat, auch nicht das Lachen von jemandem, der einen Sieg errungen hat. Es ist vielmehr das Lachen eines Menschen, der, nachdem er schmerzvoll lange nach etwas gesucht hat, es eines Morgens unerwartet in der Jackentasche findet.

Thich Nhat Hanh

Der eigentliche Witz ist das Leben selbst.

Schlusswort

Was ist nun aber Glück? Glück lässt sich bestimmt nicht mit einem Satz erklären, doch ich könnte es versuchen: Glück ist, wenn man mit dem einverstanden ist, was ist. Es ist die Freiheit, mit dem zufrieden zu sein, was uns das Leben schenkt. Ebenso ist es die Freiheit, mit dem zufrieden zu sein, was uns das Leben *nicht* schenkt. Illusionen hinterherzujagen mag uns einige Zeit lang fröhlich stimmen. Diese Fröhlichkeit aber ist kurzweilig, und es steht definitiv fest, dass wahres Glück nicht in materiellen Dingen zu finden ist. Ganz gleich, ob Dinge oder Situationen, das Glück liegt wesentlich tiefer.

Zukunftsängste, Existenzängste, Ängste um die Gesundheit und um die Umwelt rauben uns zwar die gute Laune und die Leichtigkeit. Doch all diese Zustände haften dem Irdischen an. Aus diesem Grund sollten wir das Irdische überschreiten und uns auf der anderen Ebene etwas umsehen. Haben Sie den Mut dazu? Wenn Sie den Sprung in die Freiheit wagen, wird es Ihnen bestimmt nicht an Glück mangeln. Es gibt weder ein kleines Stück Glück noch eine Riesenportion Glück, es gibt nur Glück. Und das ist nicht das, wofür wir es halten. Es ist keine vorübergehende Emotion, es ist unser ureigentliches Sein.

So wären wir wieder am Anfang angelangt, wo es heißt: Glück ist eine Einstellung. Eine besondere Art zu leben.

Über den Autor

Kurt Tepperwein wurde 1932 in Lobenstein geboren. Er war erfolgreicher Unternehmer und langjähriger Unternehmensberater, bis er sich 1973 aus dem Wirtschaftsleben zurückzog und Heilpraktiker sowie Bewusstseinsforscher wurde, um nach den wahren Ursachen von Krankheit und Leid zu suchen. In seiner Naturheilpraxis hielt er für seine Patienten Seminare ab, die so großen Anklang fanden, dass sie heute in vielen Ländern veranstaltet werden. Er absolvierte vielfältige Ausbildungen und erfuhr unzählige Ehrungen. Seit 1997 ist Kurt Tepperwein Dozent an der »Internationalen Akademie der Wissenschaften«, wo er das von ihm etablierte Mentaltraining unterrichtet. Kurt Tepperwein hat bislang mehr als 80 Bücher und Hunderte von Videos, DVDs sowie Audio-CDs veröffentlicht.

136 Seiten, broschiert
ISBN 978-3-89845-608-1
€ [D] 12,00

Kurt Tepperwein

Was immer du willst

Magnetisch anziehen, was Freude macht

Jeder Mensch besitzt magnetische Kräfte. Er strahlt nicht nur etwas aus, sondern verfügt auch über eine unbewusste Anziehungskraft. Mit Hilfe dieses Buches zeigt Ihnen Kurt Tepperwein, wie Sie Ihre Sinne schärfen und Ihre Magnetkräfte aktivieren können, um Ihrem Leben eine Richtung zu geben, die nicht nur befriedigend ist, sondern die Sie wirklich zufrieden und glücklich macht.
Wenn Sie also magnetisch anziehen wollen, was Freude macht, und sich nebenbei von alten Gewohnheiten trennen möchten, halten Sie das absolut richtige Buch in der Hand. Es ist an der Zeit, dass Sie bekommen, was immer Sie wollen!

176 Seiten, broschiert
ISBN 978-3-89845-412-4
€ [D] 12,65

Kurt Tepperwein

Nichts geschieht umsonst

Die Sprache des Lebens verstehen

Alles, was uns begegnet, und alles, was uns widerfährt, sind Botschaften des Lebens, die uns etwas Wichtiges mitzuteilen haben. Das Leben spricht ständig zu uns, allerdings müssen wir die Sprache des Lebens erst erlernen. Wenn Sie diese Sprache beherrschen, ist es Ihnen sogar möglich, die Botschaften des Lebens gezielt abzufragen. Sie können alle Erfahrungen und die verschiedensten Arten von Hinweisen optimal für sich nutzen, um ein erfolgreiches, erfülltes und gesundes Leben zu führen. Ein Buch, das sich mit allen Alltagsthemen auseinandersetzt und keine Fragen offenlässt.

240 Seiten, broschiert mit abgerundeten Ecken
ISBN 978-3-89845-550-3
€ [D] 11,00

Theo Fischer

Das Tao der Selbstfindung

Das Geheimnis eines sorgenfreien Lebens
Die heutige Gesellschaft verlangt dem Menschen viel ab: Leistungsdruck, Beeinflussung durch die Medien, Technologie im Überfluss, die schier Überhand nimmt ... Und der Mensch entfremdet sich immer mehr von sich selbst, von seiner eigenen Natur.
Theo Fischer zeigt, wie wir aus dem schnell vorwärtsrasenden Zug unseres Lebens aussteigen und uns auf das Fließen des Tao einlassen können. So lernen wir, mit den Herausforderungen des Lebens leichter umzugehen, unserer Intuition zu folgen, stillzuhalten und den eigenen Kräften Raum zu geben.

232 Seiten, broschiert, mit abgerundeten Ecken
ISBN 978-3-89845-565-7
€ [D] 11,00

Eileen Caddy & David Earl Platts

Entscheidungen fürs Leben

Ehrlich, offen und liebevoll

Wir müssen jeden Tag unzählige Entscheidungen treffen. Aber was ist mit den wirklich wichtigen? Mit denen, die darüber entscheiden, ob wir glücklich sind oder unzufrieden? Wenn wir ehrlich sind ... Meist geht anderes vor.
Die Autoren lenken den Blick zurück auf die wesentlichen Fragen im Leben und zeigen eindrücklich, dass jedes Problem mit der richtigen Entscheidung aufgelöst werden kann. Dazu bieten sie Übungen, um sich für ein freies, selbstbestimmtes Leben zu entscheiden. Kurz: Sie helfen dabei, künftig ehrliche und richtige Entscheidungen fürs Leben zu treffen.

128 Seiten, 2-farbig,
Flexocover
ISBN 978-3-89845-584-8
€ [D] 12,95

Jessica Lütge

Alles, was du über dich wissen musst

222 Fragen zum Ausfüllen und Staunen

Jeder von uns hat in seinem Leben schon unzählige unwichtige Fragen beantwortet. Doch was ist mit den wirklich wichtigen Fragen? Denen, die tiefer gehen, die zeigen, was uns ausmacht und wer wir tatsächlich sind?
Jessica Lütge schöpft aus ihrer psychologischen Praxis und hat 222 Fragen formuliert, deren Antworten erstaunliche Selbsterkenntnisse zutage fördern. Man lernt sich so von einer Seite kennen, die einem bisher verborgen blieb.
Entdecke dein neues Leben und sei neugierig, was in der nächsten Zeit alles passiert.

168 Seiten, Klappenbr.
ISBN 978-3-89845-152-9
€ [D] 10,90

Franziska Krattinger

Ein Wort genügt!

... sich einfach umprogrammieren

Schalten Sie einfach um! – Manchmal genügt ein einziges Wort, um verborgene Haltungen ans Licht zu bringen oder Einstellungen zu ändern. Dabei gibt es spezielle Worte, die gleichsam eine magische Wirkung haben, da sie die Schlüssel zu unserem Unterbewusstsein sind: Schaltworte.
Schalten Sie einfach um – und beobachten Sie die Veränderungen in Ihrem täglichen Leben, ohne dass Sie bewusst daran denken oder eine Vorstellung der Lösung haben müssen. Nutzen Sie die Kraft, eine Situation augenblicklich im besten und idealen Sinn zu verändern.

208 Seiten, 2-farbig, broschiert
ISBN 978-3-89845-610-4
€ [D] 12,00

Anjana Gill

Danke, liebes Universum

95,7% Wunscherfüllung

Du und das Universum – da geht was!
Es funktioniert tatsächlich. Absolut faszinierend. Das Universum erfüllt Wünsche.
Seit ich angefangen habe, das Universum zu "testen", kann ich nur noch lachen, staunen und mich freuen. Es ist fast unglaublich, was auf einmal alles möglich ist.
Die Frage ist jetzt doch nur noch: Wird das Universum auch deine Wünsche erfüllen? *Ja klar, wird es das.*
Locker und mit viel Witz zeige ich dir, wie auch du deine Wünsche vom Universum erfüllt bekommst.
Und am Ende bleibt nur zu sagen:
We love the universe.

128 Seiten, 2-farbig, broschiert
ISBN 978-3-89845-429-2
€ [D] 12,95

Lena

Für Dich und Dein Herz

Geh Deinen Weg – Ein Kristallkind erzählt

Lena ist eine Autorin der besonderen Art: Als Kristallkind schreibt sie nicht mit dem überlegenden Verstand, sondern mit dem fühlenden Herzen ... Und hier ebnet sie Dir den Weg, damit auch Du Deinem Herzen folgen kannst.
Wenn Du Dein Herz als Deinen Lehrer, Deinen Wegweiser, als Deinen allerbesten Freund annimmst, wenn Du Dich traust und Dein Herz fragst, wird es Dir verraten, wie Du glücklich werden kannst.
Lena zeigt Dir, wie es klappt, mit Deinem Herzen Kontakt aufzunehmen, es zu fühlen, es zu hören und von ihm zu lernen.